TEAM PERFORMANCE

チームパフォーマンスの科学

はじめに

——一人ひとりの能力は高いのに、部署・チームでのパフォーマンスが上がらない。

テレワークやオンラインミーティングなどが活発化したことで組織的な連携強化が必要になっているなか、部署・チームとしてのパフォーマンスをどうやって上げるかということが管理職やリーダーの課題になっているかと思います。

かつてグーグルが部署・チームの生産性を上げるために行った調査「プロジェクトアリストテレス※」は、生産性が高い部署・チームの共通点を探し出しその特徴を公表して話題を呼びました。この調査では当初部署・チームの生産性を定量的に観測することを試みましたが、最終的には定性的な評価によって「良い部署とは何か、良いチームとは何か」を定義するにとどまりました。

しかし本当にチームパフォーマンスを向上させたいのであれば、定性的な評価だけでは不十分で、定量的な評価が必要なはずです。部署・チームの現状を数値で把握することで初めて具体的な問題点やその程度が明らかになり、改善に向けた取り組みに着手できるようになるからです。

私は20年以上にわたって、数々の企業や病院の経営コンサルティングに携わってきました。あるときは調剤薬局チェーンを経営する会社に出向し、毎日のように退職希望者が出る職場で離職社員を減らしながら業績を回復させました。またあるときは、赤字病院の経営再建や上司と部下の関係がぎくしゃくしていた職場を社内一の売上達成率のチームに変革したこともあります。

こうした経験をベースに２０１６年からは大学の協力も得て、チームパフォーマンスを向上させる方法について研究を行ってきました。

研究では定量的な評価を適切に行うための測定項目＝「要因」を特定することから始めました。どのようなことがきっかけになってパフォーマンスが上下するのかを明確にしないことには、改善策を立てることはもちろん、改善が必要なのかどうかさえ分からないからです。

「要因」の特定に向けて行ったのが、アンケート調査です。「所属部署・チームに愛着はあるか」「メンバーに対して役に立つ情報を提供できているか」「部署・チーム内に自分の意見をはっきり伝えられているか」といった150問以上のアンケートを500人以上に実施しました。そしてその調査結果から統計学的な有意性を検証し、「目標共有」や「心理的安全性」「仕事のやりがい」といったチームパフォーマンス向上につながる要因を9つ見いだしました。そして各要因を100点満点で測定・スコアリングする方法も確立し、チームパフォーマンスを定量的に評価することにも成功したのです。

「離職者が後を絶たない」という課題を抱えていたある会社では、要因のなかでも特にメンバーがチーム内で自分の意見を率直に伝えられているかの指針になる「心理的安全性」のスコアが100点満点中30点と低いことが明らかになりました。それを受けてリーダーはミーティングの進め方を見直すことで改善に導きました。これ以外にも多くの部署・チームが要因の測定から成果を上げています。

本書では、研究で見いだした9つの要因とその測定方法について詳しく解説していきます。

また実践例として、パフォーマンス向上を遂げた実際の部署・チームについても紹介します。

本書によって、一つでも多くの部署・チームのパフォーマンスが向上すれば、私にとってこれ以上の喜びはありません。

※プロジェクトアリストテレス
グーグルが2012年から開始した企業向けの研究調査。プロジェクトの目的は、生産性の高い「効果的なチームの条件」を調査して、定義づけること。プロジェクト名の由来は、古代ギリシャの哲学者・アリストテレスの言葉、「全体は部分の総和に勝る」にちなんでいる。調査は同社の180にも及ぶチームを対象に行われた。

第3章

エビデンスに基づいた、真のチームパフォーマンスとは何か？

第4章
メンバーの9つの心理要因を刺激することで、チームパフォーマンスは劇的に向上する

第5章

8つの行動特性と9つの心理要因を数値化することで、チームパフォーマンスを客観的に評価する

第6章
チームから部門、そして会社全体へ――チームパフォーマンス向上はこれからの企業に必須の取り組み

第1章

チームパフォーマンスを発揮できている組織は全体の30%に満たない

在宅ワークが突きつけたチームマネジメントの難しさ

「どうしてもっと力を発揮できないのだろう?」

マネジメントするチームに対して、不満やジレンマを感じているマネージャーや管理職は多いと思います。

例えば、

・メンバーからなかなか意見が出てこない
・問題が報告されず、手に負えなくなって発覚する
・仕事に一生懸命に取り組む人と、そうではない人の差が大きい
・ノウハウを抱え込む、他人の業務を手伝わないなど、個人主義が横行する

などの悩みが代表的です。一つでも当てはまるとしたらそのチームは崩壊する危険性があります。

理想的なのは、

・メンバー同士がよく相談し合っている
・遠慮せずに意見を交わしている
・ノウハウを積極的に共有している
・切磋琢磨している

というチームです。

チーム作りでは、メンバーが主体的に行動している状態を作り出すことが肝心なのです。しかし簡単にできることではありません。

チームパフォーマンスが低下する要因は、仕事における3つの承認欲求が満たされないことにあります。仕事の成果に対する結果承認、成果を生むまでの行動に対するプロセス承認、そしてチームに存在することが許されているという存在承認です。

存在承認は日常の業務のなかで意識せずとも自然に感じ取っているものです。例えば、挨拶や仲間からの感謝の言葉、上司の指導やアドバイスだけでなく、同僚の笑顔や目配せ、自分の成果物を確認しているときの表情や姿は、すべて存在承認を感じ取ることができる行為です。これらは職場という同じ場にいれば頻繁に、しかも無意識に受け取ることができますが在宅ワークでは困難です。

存在承認を受けると自分がチームに所属しており、チームの一員として働いている手応えと安心感を得ることができます。逆に存在承認がないとチームへの帰属意識が低くなり、チームに貢献しようという気持ちが薄れてきます。

コロナ禍で急速に普及した在宅ワークは、通勤に時間をかけなくてよいことや離れた場所の相手とも手軽に面談できることなど、大きなメリットのあるニューノーマルな働き方として一般に浸透していきました。しかし、チームマネジメントの面からはデメリットも浮かび上がってきました。意思の疎通に手間がかかるため連携や相談が気軽にできないことや、それが原因で人材育成が難しいこと、仕事のマネジメントが難しいことなどです。

多くのチームで在宅ワークによって生産性が低下しているという研究報告も多数出ています。各々別の場所で業務を行うことによって存在承認が大きく損なわれ、チームの一員として働いているという実感が薄れてしまうのです。

同じオフィスに集まって一緒に働く従来のスタイルから、在宅ワークという選択肢が広がった現在では職場のチームマネジメントがいっそう難しくなっているといえます。

コロナ禍で際立つリーダーの能力差

危機下でメンバーの貢献行動を高めるうえで大切になるのがリーダーの存在です。以前の日本の会社では、次のようなチームマネジメントが主流でした。

・上層部の意向に従順
・指示・伝達がマネジメントの中心になってしまう
・正しい指示にこだわる
・メンバーにハッパをかける

上下関係と前例を重視した主従的なやり方をするリーダーが「リーダーシップのある人

間」としてチームを統率していました。

しかしコロナ禍では逆にこのような采配がチームパフォーマンスを低下させていることが分かりました。その一方で、同じ混乱のなかにあってもチームパフォーマンスを維持・向上させているリーダーは次のような特徴をもっています。

・問題が発生すれば自分で考え行動する
・新たな環境に適応するための新しい方法を考える
・トライ&エラーで行動する
・メンバーに指示するのではなくメンバーの力を活かす

私たちは、前者を「指示・管理型」のリーダー、後者を「自律型・支援型」のリーダーと呼んでいます。

リーダーが問題解決策を考え、正しい指示を出すマネジメントはもはや限界を迎えています。チームパフォーマンスを発揮するにはメンバーの主体性を高めるマネジメントが必要不可欠ですが、単に指示を出すだけではメンバーの主体性は高まらないどころか、受け身的な人を増やしていきます。

重要なのは「力を活かす」ということです。指示・管理型のリーダーは指示や叱咤激励は得意でも、この力を活かすということが苦手です。

在宅ワークでなくメンバーがオフィスに集まっているのであれば、対面による密なコミュニケーションによって、メンバーの主体性が低くても、チームを動かしていくことは可能です。そのため指示・管理型のリーダーでも、なんとかマネジメントができていました。しかし在宅ワークでは日常的な声掛けが難しくなり、具体的な指示や細かい管理も困難になってしまいました。

一方で自律型・支援型のリーダーは、問題に対して自分で考え行動でき、それでいて自分一人では問題を抱え込まずメンバーの力を積極的に取り入れようとしていたため、メンバーの参加意識を高め、主体性を発揮させることができたのです

時代の変化に適応できるリーダーシップが必要

実は近年コロナ禍の前から、チームパフォーマンスを向上させて高い業績を実現してきたのは「自律型・支援型」のリーダーでした。その理由は、時代が大きく変化したことが挙げられます。

現代は「先行きが不透明で将来の予測が困難な時代」を意味する「VUCA（ブーカ）の時代」と呼ばれます。VUCAとは、変動性（Volatility）、不確実性（Uncertainty）、複雑性（Complexity）、曖昧性（Ambiguity）の頭文字をとった造語です。インターネットやスマートフォンなど技術革新が頻繁に起こること（変動性）、激化する自然災害やコロナ禍（不確実性）、各国で変化や変革が起こり複雑化が加速する国際情勢（複雑性）、価値観の多様化（曖昧性）などがその一例です。

時代に適応するためには、企業はビジネスモデルやサービスを柔軟に変化させなければなりません。うまく時流に乗れなければ、かつて大成功した企業でも優位性を保ち続けることが難しくなります。

日本でも時代の変化に伴って、２０１９年から働き方改革関連法が施行されています。厚生労働省が求めている大項目だけで長時間労働是正、同一労働同一賃金、テレワークや副業がしやすい環境整備、ダイバーシティの推進、賃金引き上げ・労働生産性向上、再就職支援・人材育成、ハラスメント防止と多岐にわたっています。

また個人のレベルでも、継続雇用の伸長によって自分よりベテランの人材を部下にもつことになったり、会社のデジタル化に対応できる能力を身につけたり、多様化する社会のニーズに応えるサービスを提案したりと多くの変化への対応が必要です。

ＶＵＣＡの時代性は今後もますます強まっていくことが予想されています。確実にいえるのは、これからは成功した前例を踏襲するよりも現状を分析しながら新しいやり方を生み出さなければならないということです。

そうなると、指示・管理型のリーダーが以前のような信頼感を維持するのは難しくなってきます。彼らは経験から直面している課題のパターンを読み取り、そのパターンに対応する解決策を見つけだしてきました。しかし未経験のことに対してはリーダーシップを発揮することが難しいのです。

独自の調査では、チームパフォーマンスを最大限に発揮できている組織はわずか30%に過ぎませんでした。悪くはないが良くもないというチームがとても多くなっているのです。

これは「なんだかチームがうまくいっていない気がする」という不安を多くのリーダーが抱えていることを示しています。従来のやり方が徐々に時代に置き去りにされていることに気づけず、漠然とチーム状態の悪さを感じながらもどうしていいか分かっていないのです。それなのに会社からはチームをまとめ成果を上げることを期待され、部下からは良い上司であることを求められる、まさにリーダー受難の時代といえます。

第2章

リーダーに求められているのは、部下を管理する力ではなく、部下の能力を引き出す力

主体性の高いメンバーだけでも不十分

メンバーに主体性が備わればチームパフォーマンスが上がる。そう信じているリーダーはたくさんいますが、それはまったくの間違いです。

「せっかく研修で主体的に動く方法を学ばせたが、職場に戻ってきたら今までどおり受け身のままだった」「一人ひとりと面談しているときはとても前向きなのだが、会議になるとみんな黙ってしまう」「力のある人材をキャリア採用したがまったく力を発揮してくれない」

そんな声を至るところで聞きます。

チームパフォーマンスとは、単なる個人の能力の総和ではありません。個人の行動は、チームの雰囲気やメンバーとの関係性、リーダーからの働きかけなどに大きな影響を受けるということが多くの研究で明らかになっています。一人ひとりの能力や意識が向上してもよい環境のなかでそれらをうまくかけ合わせできなければ、チームとして機能しないのです。

そのことを知らないリーダーは、個人の主体性やモチベーションを高めることだけに力を注ぎがちです。個人のパフォーマンスを高めるための教育・訓練に力を入れたり、1対1の面談を重視したり、モチベーション研修やメンタルヘルス向上の取り組みなど心理面でのサポートも盛んに行ったりします。

確かに個人個人の主体性や能力が高いと、より強いチームが作れることもあります。しかし「チームの能力の総和を大きくする」よりも先にまずは「メンバー一人ひとりが本来の力を発揮できるチーム環境を作る」ことのほうがずっと大切です。たとえ主体性の高いメンバーだけを選りすぐったとしても、例えばいがみ合っていてはパフォーマンスが上がらないことは容易に想像できます。ただの顔見知りの他人同士のままではとてもチームとは呼べないのです。

チームの「状態」を常にチェック

研修や面談など個人（メンバー）の能力を高めたり、動機づけ、またはモチベーションをサポートしたりする施策はすぐに思いついても、チームのパフォーマンスを高める方法といわれるとピンとこないかもしれません。その理由は個人であれば足りないスキルや精神状態が明確に分かりやすいですが、チーム単位となるとそれらが目には見えないからです。

しかしチームのパフォーマンスを向上させようとすれば、そういった「状態」「雰囲気」を常にチェックしなければなりません。

「状態」「雰囲気」というと漠然としていますが、チームを水槽に、メンバーを水槽にいる魚に置き換えると分かりやすいかもしれません。

チームで大切なのがメンバーなのと同じく、水槽で魚を飼う場合もちろん一番大事なのは魚です。しかしその魚を水槽内で元気に過ごさせたいなら、水質に気をつけなければなりません。

水質というのは分かりにくいものです。濁ってくれば誰でも悪い状態だと理解できますが、それでは手遅れのことが多く、酸素を送り込み、適宜カルキを抜き、ペーハーやアンモニア濃度などが悪化していないか小まめにチェックすることが必要です。

この水質が「チームの状態」です。見えにくいからといって放置せず、誰かがチェックし、常にきれいになるように働きかけなければなりません。

ところが日本の会社ではこれまでチームを高めていく取り組み、すなわちチームパフォーマンスを向上するための取り組みよりも、〝状態の見えやすい〟個人のパフォーマンスを向上させることに重きを置いてきました。

なかにはたまたまチームパフォーマンスを向上するためのポイントをわきまえているリーダーもいます。しかしそのようなリーダーでも、科学的に体系化されたチームパフォーマンス向上の理論や方法論を学び、それを適応してきた人となるとごく一握りではないかと思われます。チームパフォーマンス向上に成功したリーダーでも、ほとんどは個人のモチベーションの向上法など広く知られている知識をチームにうまく適用した結果、たまたまチームパフォーマンスが向上したに過ぎないと考えられます。そういったケースに多いのは、ひとたびチームメンバーが入れ替わってしまうと再現できなくなるということです。ある部門ではすばらしいリーダーだった人物が、別部門に異動するとたちまちチームをまとめられなくなるということは少なくありません。それはメンバー個人へのマネジメントに依存しているからであり、チームマネジメントを理論的に理解できていないからなのです。

個人の力だけでは課題の解決は不可能

チームパフォーマンスをマネジメントしないといけない理由は、個人のパフォーマンスの総和がチームパフォーマンスにはならないからだけではありません。

多様化が進む現代において、今やリーダーだけが課題の解決策を考えてメンバーに指示を出すことは難しくなりました。また、能力の高いメンバーがいたとしてもたった一人では現状を変えるのは困難です。複数の知恵や知見を結集し合ってはじめて画期的なプロダクトが生まれます。それらをまとめる力がチームマネジメントなのです。

開発だけではありません。営業もこの10年ほどで大きく様変わりしました。以前は法人営業であれば見込み客を発掘し、商談に結びつけ、契約にこぎつけ、アフターフォローしてリピート案件を獲得するといった一連のプロセスを一人の営業パーソンが担当している会社が少なくありませんでした。ところが今では、見込み客の発掘は主にマーケティング部門の仕事ですし、アフターフォローしてリピートに結びつけるのはカスタマーサクセスと呼ばれる部門です。セールス担当も、商談に結びつけるまでを担当するインサイドセールスと、対面で商談を進めるフィールドセールスに分かれつつあり、分業が進んでいます。

この背景にはテクノロジーの進歩があります。Web化の進展で、さまざまなデータが大量に入手できるようになりました。ある顧客のこれまでのアクション（資料請求やセミナー参加など）をすべて管理することができますし、それを担当者単位で知ることができます。そうなるとITを活用したきめ細かい顧客対応ができるほうが有利ということで、そのためのツールも発達してきました。

それぞれの顧客にきめ細かい対応をすることは一人の営業パーソンでは困難です。またマーケティング、インサイドセールス、フィールドセールス、カスタマーサクセスといったそれぞれのプロセスで使用するITツールも別々であり、それらすべてを使いこなすのも難しいことです。こうして分業が細かくかつ高度になっており、顧客対応も複数の担当者で実施することが普通になっています。

こうしたことは大企業だけと思われるかもしれませんが、多くの中小企業でも事情は同じです。Webマーケティングが盛んになっている今、中小企業にもWeb担当者がいて、メルマガやブログを活用した集客を行うことが普通になりました。小さな会社であれば、会社全体で一人の営業パーソンをフォローして商談を進めることもよくあります。それがツールの進歩でできるようになったわけです。

個人のパフォーマンスの影響が大きいベンチャー企業でさえ、最近は大企業と積極的にパートナーシップを組み、例えばマーケティングについては大企業の力を借りるといった事例が増えています。部門どころか会社を超えたチームで仕事をすることがもはや当たり前なのです。

リーダーもメンバーも一人の力ではやれることは多くありません。個々がバラバラに仕事に取り組んでいる企業は時代に取り残される可能性が高くなります。個人のパフォーマンスだけではなく、チームパフォーマンスを高めるマネジメントがあらゆるリーダーに求められています。

情報を隠されることが部下のストレスや不信に

近年、ストレスマネジメントをはじめとするメンタルヘルスやモチベーションへの関心はますます高まっています。

個人のモチベーションやストレス状況、あるいは会社へのエンゲージメント（愛着心）をチェックするツールの需要が高まり、さまざまなものが開発されてきました。こうしたツールを使うと各社員のモチベーションだけでなく、今後メンタルヘルス不調に陥りそうかや会社を辞めそうかということまで分かるというのです。

主にエンゲージメントとモチベーション向上をねらいとする上司と部下の1対1のミーティングも、エンゲージメントサーベイのデータが活用されることが増えてきました。これが部下の課題解決に役立っているのであればとても良い取り組みだと思いますし、その結果部下のエンゲージメントが高まるのであれば万々歳です。

しかしエンゲージメントやモチベーションの向上が直接の目的となると、サーベイで得たデータは本来会社や上司だけでなく本人ももつ必要があります。そもそも本人の極めてセンシティブなデータなので、本人が確認できるのが当然です。部下本人だけでなく上司ももつ必要が出てきます。ところが、会社によっては上司だけもっているケースもあります。そうなると自分が知らない自分の情報をもっていることに不安を感じさせたり、部下を支配するためにその情報を悪用する上司も出てくると予想されます。分析される部下の側からするとたまらない話で、それだけで会社へのエンゲージメントが失われる人も現れるはずです。

個人パフォーマンスに関する情報は秘匿性が高いこともあり、ひとたび悪用されるとその弊害は計り知れません。一方、チームパフォーマンスの向上についていえば、チームの状態はむしろ積極的に共有することで、その力を発揮します。情報共有から自分たちのチームが今どのような状況にあるかを客観的に知り、それに基づいて次のアクションを検討することがチームパフォーマンスのマネジメントには必須となります。

個人の動機付けだけではモチベーションは続かない

誤解を招かないように付け足しておくと、コーチング、目標管理、インセンティブ、研修・研鑽、1on1ミーティングなど個人の能力発揮をねらった施策を否定するわけではありません。これらも相変わらず重要なのです。ただし、これらだけではモチベーションやパフォーマンスが上がらないことが多いのが現実です。

なぜなら個人のモチベーションやパフォーマンスは、チームの雰囲気から強い影響を受けるからです。よくあるのは、モチベーションを高めるための研修に参加して、「よし、明日からこれをやるぞ！」と張り切っていたのに、3日もしたら元に戻っていたというケースです。

例えば「毎朝元気に挨拶をして、職場の雰囲気を明るくしましょう」と言われ、「それもそうだな」と納得して実践したものの、誰も挨拶を返してこなかったら嫌気がさしてやめてしまうのが普通です。

あるいは上司とのミーティングで「顧客の立場になって商品を売れ」と言われていたのに、メンバーから「会社の利益を優先して商品を売るべき」と責められたとしたらどうなるか、さらにその様子を見て上司が庇わなかったとしたら……、二度と顧客の立場で考えるなどということはしなくなるはずです。

個人のモチベーションを向上させるのは重要ですが、チームで考え方が共有されていなければ続きません。それどころか低下を招くことさえあるのです。

1on1ミーティングで上司が部下に「君の意見をとても重要視している。ぜひ力を貸してほしい」というメッセージを投げたとします。部下はその上司のことを「この人は信頼できる人だ。相談や提案はこの人にしよう」と思うかもしれません。ではこれは良いことなのでしょうか。

上司と部下に信頼関係ができること自体はもちろん良いことです。しかし依存関係ができてしまいこの部下がチームの会議では自分のアイデアを発言せず、上司にだけ提案しに行くようになったとしたらチームにとってはマイナスです。さらにそのような部下ばかりになったとしたら、永久にチームパフォーマンスが向上することはありません。

1on1ミーティングをしてはいけないといいたいわけではありません。上司と部下の信頼関係を作るという意味では重要な取り組みだと思います。ただ与えるなら「ぜひ君の意見でチーム会議を活性化させてもらいたいな。私は個々がもっと自由に発言できる雰囲気を作るように努力するから、お願いするよ」というメッセージであるべきです。

チームメンバーが「このチームでなら本音の提案ができる」といったチームへの信頼感をもつようにすることがリーダーのするべきことだと、私は考えます。このようなことを指して「水槽の水質を良くする」とたとえているのです。

濁った水をきれいな水に戻すのはとても大変

水槽の水質が悪化する、それはチームの崩壊が始まっているということです。私は29歳のときに、実際にそのような「チーム」（会社）を立て直しに行ったことがあります。5つの店舗を持つ調剤薬局チェーンの社長代行として一年間出向しました。

全部で60人ぐらいの薬剤師と店舗スタッフのいる会社だったのですが、社員同士が険悪な関係なのが一目で分かり、毎日のように誰かが辞表を持ってやってきます。そのまま放っておけば数カ月でもともといた社員が全員いなくなってしまうかもしれない、という状態だったのです。

私は最初に本部に行き、10人弱の社員に挨拶したのですが、誰一人挨拶を返してくれませんでした。誰も心を開いてくれないので昼食を社内でとるのも気が引けて、仕方なく公園のベンチに座ってたった一人で食べたことを覚えています。当時は今のような方法論をもち合わせていたわけではなかったので、途方に暮れることになりました。

まずは個人面談をして話を聞きました。また各店舗に日替わりで朝礼をしに行きました。

その際に店舗を掃除して「きれいになると気持ち良くないか？」と尋ねたのですが「私の家ではないので知りません」と言われる始末で、実際に精神的に追い詰められました。ちなみに前任者二人はこの環境に疲れ果てて続きませんでした。

性格の悪い人がいるわけではありませんでした。個人面談をしていると一人ひとりは会社をよくしようと思っている人ばかりだと分かりました。面談中は「実は私もおかしいと思っているんです。応援しますよ」と言ってくれるのですが、店舗ミーティングや店長会になると誰も口を開いてくれません。約束が違うじゃないかと思いましたがどうにもなりません。

そうこうしているうちに思いついたのが、各店舗に「本部レポート」を発行することでした。毎週月・水・金にＡ４用紙１枚に各社員に気づいてほしいことを遠回しに書きました。実際に現場で見たことを固有名詞等を隠して一般化したのです。

すると反応がありました。「まるで現場を見ているみたい」という感想を言われるようになったのです。実際に現場を見ているので当然なのですが「この人は調剤薬局の現場が分かっているのだな」と思われるようになったのです。

そのうち実際に私が見たことを書いていると気づいてくれるようになり、あるパート社員は「辞めようかと思っていたのですが、見てくれる人がいるので、もう少し頑張ってみます」と言ってくれたのです。ようやく手応えを感じられるようになりました。

3カ月も続けると本部レポートがファイリングされ、それをみんなで回し読みするようになっていたのです。各店舗の店長とスタッフのコミュニケーションにも「それって、本部レポートに書いてあったでしょ？」といった感じで使われるようになっていました。

そのほかにもさまざまな現場の支援を毎日早朝から深夜まで1年間続けた結果、最初の年の忘年会には社長と私を含めて6人しか参加者がいなかったのが、次の年には40人以上が参加するようになりました。

立て直しに成功した今では笑って話ができますが、当時は本当に逃げ出したくなりました。そのなかで従業員と向き合って、批判も浴びながら一人ひとりの声を大事にしながら状態を少しでも良くしようと奮闘した結果だったと思っています。当時はチームマネジメントの方法論もなく、チーム状態を見える化することもできなかったので、ただがむしゃらで失敗もたくさんしました。

この薬局で、水質が悪化してしまった状態を改善することの大変さを身をもって体験しました。だからこそ、水質は悪化する前に手を打たなければならないと強く感じるのです。

私のチームマネジメント観は、この経験に根差しているといっても過言ではありません。

リーダーは万能だという前提を転換

調剤薬局の例で良かったことは、私がリーダーとして「的確な指示」を出そうとしなかったことです。私自身、調剤薬局で働いた経験がないので指示したくても何もできなかっただけなのですが、それがかえって良かったのだといえます。

指示・管理型のマネジメントでは、リーダーは原則としてメンバーよりも経験が豊富でその豊富な経験に基づいた対応策を立案して、部下に指示するという形になります。的確な指示ができるリーダーこそが信頼できるリーダーであり、そうでなければ無能といわれても仕方ないという雰囲気がありました。リーダーにとって部下に舐められるというのは致命的なことで、できるだけ弱みを見せないように努めていたのです。

しかしそのような価値観は今のリーダーを苦しめるだけになりました。現代におけるビジネス課題は過去に存在しなかったものが大半であり、その解決には経験が役に立たないからです。

これまでは的確な指示により、メンバーにやりきらせる力がリーダーには必要とされていました。組織やメンバーは、リーダーは「万能」でなければならないと考え、多くの期待をしてきたのです。

例えば、

・リーダーは答えを知っている、あるいは見つけださなければならない
・解決策はリーダーが考えなければならない
・リーダーには失敗は許されない
・リーダーはメンバーの価値観を一致させなければならない

といったことですが、このような考え方はもはや捨てなければいけません。

今後リーダーに必要なことは、目的を共有しメンバーの力を引き出す力です。メンバーの力を引き出すためには、率直に「この件については自分だけではよく分からない、みんなの力を貸してほしい」と言う必要があります。このようなマネジメントを私は「引き出

し型のマネジメント」と呼んでいます。

「引き出し型のマネジメント」の反対は「指示・管理型のマネジメント」です。これまで主流だったリーダーが頑張り、リーダーが正解を示すマネジメントです。このような場合、メンバーはどうしてもリーダーに依存することになります。チームがうまくいっていないときのメンバーのセリフは「リーダーが無能だから」です。

一方引き出し型のマネジメントではチーム全員が頑張り、チーム全員で考えることになります。その結果、メンバーが自律的に行動するようになります。チームがうまくいっていないとき、メンバーは「自分はまだまだ貢献できていない」「自分にはまだできることがある」などと考えます。

メンバーの補強もままならないほどの採用難

リーダーが万能でなければ、チームメンバーを補強するしかないと考える方もいるかもしれません。しかしチーム自体が良くなければ、すばらしい人材を異動やキャリア採用で補強したとしてもその人材がパフォーマンスを発揮できず、意味がないのです。

そもそも現在はメンバーの補強もなかなかできません。大企業でさえ優秀な人材は取り合いになっていますが、中小企業はこの10年ほどずっと人材採用に苦戦しています。リクルートワークス研究所の「第37回ワークス大卒求人倍率調査（2021年卒）」によると、ここ10年における5000人以上の大企業の求人倍率は1倍以下となっているのに対し、300人未満の企業の求人倍率は常に3倍以上を維持しています。終身雇用も崩れてきており、人材の流動化は年々進む一方です。優秀な人材はよほど会社に対するエンゲージメントが高くないと、すぐに条件の良い会社に移ってしまいます。仮に優秀な人材を獲得できたとしてもチームの状態が悪ければ、不満を言うどころかその前にさっさと他社に移ってしまうのです。

そうなると今いるメンバーで解決するほうが効率的です。そして今いるメンバーでやり遂げようと思うのであれば、チームパフォーマンスを最大化するしか道はありません。するとあまりパッとしないメンバーがいきいきと活躍し始めることもよくあります。その人と向き合って最良の道を探してあげることもリーダーの務めの一つです。

自律型のチームを作るには目的の共有が第一

メンバーの力を引き出すマネジメントが実現されると、メンバーが主体的に行動する「自律型のチーム」が出来上がります。これはメンバー同士がよく相談し合い、遠慮せずに意見を交わしノウハウを積極的に共有し、切磋琢磨しているチームに生まれ変わるということです。

その際に決定的に重要なことはチームの目的を明確にし、それを共有することです。これが口でいうほど簡単なことではありません。

例えばシステム開発のプロジェクトでは、いつの間にか当初の目的が忘れ去られ、どうでもいいような機能の追加にコストと時間がかかり、結局誰にも使われないシステムができていたということがよくあります。このような状況を「手段の目的化」といいます。これは手段の実現がいつの間にか目的になってしまい当初の目的から外れてしまうのです。これは会社でも日常生活でも起こりがちなことです。

例えば一生自分の歯で食事をするという決意をしたとします。これが目的に当たります。

それを達成するために今年目指すこととして、1年間虫歯ゼロという目標を立てました。そのための手段を考えたところ1日3回最低5分間歯を磨けばいいのではと思いつきました。結局、1日3回5分間の歯磨きが習慣になり、それを死守することが一番の重要事項になりました。実は3カ月後にムシ歯が見つかったのにやり方を変えずに引き続き1日3回5分間、歯を磨き続けるといったことになったりします。こうなるともう一生自分の歯で食事するという当初の目的は忘れてしまったも同然です。

このように目的を見失って手段だけが残ることが多いのです。実際、あるチームに途中から入ってきた人が「なんのためにこのイベントをやっているのですか？　失礼ですが意味があるように思えないのですが……」と尋ねたら、ほかのメンバーが「私もよく分からないのですが、ずっと続いているので誰もやめようと言い出さないのです」と答えるといった笑い話ができるほどです。

目的の共有で成し遂げた薬局の開設

目的を共有することでバラバラだった集団がチームになるということはとてもよくあることで、チームマネジメントの一丁目一番地といえます。私は、調剤薬局チェーンでも経験しました。

5店舗のうちの一つだけ在宅調剤処方をしている店舗がありました。15年前のことになりますが、設備投資と維持費がかかるためなかなか利益が出ず、当時は在宅調剤事業をしている薬局などほとんどありませんでした。

その店舗における在宅調剤処方は、末期ガンや難病の患者に栄養剤を届けるのが主な仕事でした。その栄養剤は大きな袋に入れられた輸液で、処方された患者に冷蔵庫で保管してもらわなければなりません。しかしかなりかさばるため、一気に届けられても困るということで当時50軒ぐらいのお宅に3人で届けていたのですが、どこの家からも週2回に分けて届けてほしいといわれていました。当時の調剤報酬制度の関係で、それは無報酬で行わざるを得なかったためだんだんと赤字がかさむようになりました。

そして本社の結論としては撤退することになり、私がそのことを伝えに行きました。すると、Ａさんという中堅の薬剤師さんが私を待ち受けていました。

Ａさんは私を無菌室に連れて行き、冷蔵庫に大量に貼られている子どもと親の写真を見せ、「あなたはこの子たちを見捨てるつもりですか！」と怒鳴りました。在宅調剤からの撤退によってどれだけの患者が困ることになるのかを私に示したのです。

Ａさんの気持ちはよく分かりましたが、良いことをしているから赤字でよいとはいえません。価値のあることをしているのに利益が出ないのは何かが間違っているのです。そこで50軒のお宅を回って、なんとかならないかとお願いしにいきました。どうしてもという2軒だけは別の薬局にお願いして無報酬の配達はなくすことができました。

その後、ほかの店舗でも在宅調剤処方を行っていたので、それらをまとめる形で在宅専門の薬局を作ろうと考えました。

目的は「とにかく在宅の患者の役に立つ」ということにし、それをＡさんと私を含めた4人で共有しました。私は調剤に関しては素人なのでその面では貢献することはできません。Ａさんももちろんそんなことは期待していません。私は医療機関との交渉や薬剤師の採用などを全力でやることにしました。それでお互いにリスペクトできれば、4人のチームとして成り立つと思ったのです。

目的を共有しそれぞれが自分のできることに注力した結果、在宅専門の薬局を設立することができました。Aさんは当初「設立できて落ち着いたら、私は1カ月で辞めるからね」と言っていたのですが、その後も長らくこの調剤薬局チェーンで活躍されています。私が役目を終えて自社に帰るときには「この裏切り者！」という最高の「贈る言葉」をもらいました。

患者のためという目的を共有しそれぞれの持ち場でしっかり働いた結果、私たちはチームになれました。そしてチーム力を発揮することで目標を達成できたのです。

情報はガラス張りにする

チームパフォーマンスは、スポーツで考えると分かりやすいかもしれません。例えばテニスのサークルがあったとします。そのなかにはテニスが好きでただプレーしたいだけという人もいればサークルの大会で優勝したいという人もいます。なかには異性にモテたいだけという人もいるかもしれません。このようにサークルは目的がバラバラであることが多く、チームにはなり得ません。こういう集まりを「集団」といいます。

「集団」であるこのテニスサークルに熱い人がやってきて「みんなで優勝を目指そうぜ！」と言われてもかえって迷惑です。集団は人が集まっていること自体に価値があり、それはそれで存在意義があるわけですがチームとは別のものです。

これが部活動やプロ選手の団体であれば、みんなが優勝するという目的を共有しているのでチームになり得ます。相談、意見交換、ノウハウ共有、切磋琢磨といったことが起こります。

在宅専門の薬局設立では、Aさんたちと私は目的を共有することでチームになれました。しかし、Aさんたちが赤字でもいいから患者の役に立ちたいと考えていたのに対し、私は患者の役に立つと同時に利益も出さないといけないと考えていました。目標が違っていたのです。

だから何度も話し合いをしてお互いの意見を擦り合わせました。忘れがちになるとはいえ、そもそも目的が存在しないチームなどありません。ただ腹に落ちるまで議論しているチームは少ないといえます。「患者のために」といってもどこまでやるのか、その前提は何なのかと、そういったことまで共有できているかが大切なのです。この点に関しては私は利益を出してこそという部分は譲りませんでした。それを前提にみんなが納得するまで議論を重ねたのです。

しかし、ただ議論すればいいというわけではありません。信頼感が醸成されていないと議論しても時間の無駄です。信頼感を得るためにはリーダーは当初設定し、合意した「患者の役に立つ」という目的からぶれた行動をいっさい執ってはいけません。リーダーには一貫性が重要です。

さらに情報はガラス張りにしました。個人情報（給与や評価、処遇）は別として、少なくとも業務に関してはリーダーだけが知っている情報をもたないことが肝心です。一部のメンバーだけに教えるというのもよくありません。だから私はAさんと二人だけの打ち合わせはせず、必ず4人全員で打ち合わせをしました。

情報をガラス張りにするとよいのは信頼感が生まれるだけでなく、そうすることによってチームメンバーが他人事と思わなくなることです。全部自分のこととととらえてくれるようになり、徐々に主体性が芽生えてきます。

権力の象徴だった情報の独占が足かせに

そうはいってもガラス張りのマネジメントができるリーダーは少ないのが現実です。なぜかといえば、情報をもっていることは権力につながるからです。

例えば売り手と買い手がいて、売り手のほうしか原価や在庫数などを知り得ないとしたら売り手は圧倒的に有利になります。このように一方が相手より多くの情報をもっていることを情報の非対称性といいます。

インターネットが普及して売り手側が苦戦しているのは、買い手側もさまざまな情報をもつことが可能になり、情報の非対称性が崩れたからです。Webで調べれば競合他社の情報もすぐに集められ、簡単に比較できるので、状況はむしろ買い手に有利になっています。

リーダーとメンバーの関係でも情報を多くもっているほうが有利なのはいうまでもありません。そして、かつてリーダーはメンバーの知り得ない情報をもつことが権力関係の維持にも大きな影響を与えてきたのです。

しかしこのようなやり方はもはや通用しません。そもそもメンバーの力を借りるのに権力をもつのは逆効果です。あるべきなのはリーダーとメンバーの対等な関係性です。権力で言うことを聞かせるのではなく信頼でメンバーの力を引き出すべきなのです。「リーダーしか知らないことがたくさんある」と思われてしまったら、信頼関係を作るのは極めて困難です。

リーダーだけが現場の情報を知らない「裸の王様」になっているチームも存在します。この場合リーダー側から情報共有のハードルを下げる努力が必要です。「情報を共有してくれる」と感じさせ、「あの人は接しやすい」「うちのリーダーは話の分かる人だ」と認められることが肝心なのです。かといって下手に出て、メンバーにおもねる必要はありません。あくまでもチームのパフォーマンスを上げ、またリーダーとして良い意思決定をするために不可欠な、情報とメンバーの協力を得るために、認めてもらうということです。

自ら情報を開示し、一貫性のある行動をすることで信頼してもらえれば、自ずと情報も集まってきます。それをチームで共有するように工夫すれば、チームパフォーマンスは徐々に向上していきます。

リーダーのとるべきスタンスは180度変わった

もはや昔のようにリーダーという地位があり、その地位に対してメンバーが敬意を払うという時代ではなくなりました。お互いに人間でありそれぞれをリスペクトし合うことで信頼関係が生まれ、その信頼関係をベースにマネジメントする時代に変わったのです。

そうなるとまずリーダーから歩み寄っていくことが重要です。今のリーダーにとって必要なことは、知らないことは知らないと言える勇気、助けてほしいときには助けてと言える勇気なのです。

例えばこのコロナ禍でオンライン会議システムが普及しました。打ち合わせだけでなく、商談やセミナーもオンラインで行うようになりました。なかにはツールをうまく使いこなせないリーダーもいました。そのような人たちは大きく2つに分かれたと思います。

一つは「こんなもので気持ちが伝わるか。営業はやはり対面でなければだめだ」と利用を拒否することです。もう一つは、自分自身は使い方がよく分からないながら、メンバーの意見を素直に聞いて、活用を推奨していったリーダーです。

コロナ禍が数カ月で終われば今までと変わらなかったかもしれませんが、1年以上続いたので前者と後者では大きな差がついてしまいました。もちろん優位に立ったのは後者です。

オンライン会議の普及で40代、50代のメンタル不調が増えているそうです。なんとなく仲間外れになっていると感じ、自分の価値が失墜したとさえ考えるとのことでした。

また失敗したら謝る勇気も必要です。以前は、リーダーは失敗が許されず失敗しても認めないリーダーがたくさんいたのです。今、ビジネスの世界では失敗を認めないこと自体がナンセンスになってきています。

なにしろ昔の経験が役に立たず、試行錯誤のなかで正解にたどり着かないといけない時代なので失敗しないということはありません。だからといって失敗は当たり前と開き直るのも周囲に与える印象が悪過ぎます。失敗したら謝って「こういうところがまずかった、申し訳ない」と言って、そこから学んで次に進めばいいのです。

マインドを変えるために

マインドセットという言葉があります。スタンフォード大学のキャロル・S・ドゥエック教授が提唱した概念で、これまでの経験や教育、先入観から作られる思考パターンや固定化された考え方のことです。近年では、知識・スキルよりも、マインドセットがポジティブであるか否かが、ビジネスの成果に大きな影響を与えるといわれています。

数年先も見通せない時代で企業が継続的に成長するためには、経営陣やリーダー人材だけでなく、従業員一人ひとりの意識や発想を変化や課題に耐え得るものに変えていく必要があります。マインドセットの変化は個々の行動を変えることができると考えられています。

ドゥエック教授はマインドセットには、大きく2つの傾向があると指摘しています。

その一つグロースマインドセットは、自分の能力は伸ばせるという考え方に基づき、自らストレッチなゴールを掲げて、失敗を恐れず、難問にチャレンジし、そこから学ぼうとうする態度です。一方フィックストマインドセットは、才能は固定的（「だめなやつはだめだ」）と考え、失敗を恐れ他人の評価を気にし、フィードバックを危険で怖いものととらえすぐに諦めて成長にブレーキをかけてしまう態度です。

フィックストマインドセットの人間は、なかなか変わることができません。変わることを恐れるからです。一般的に結果を褒められて育った人はフィックストマインドセットになりやすく、プロセスを褒められて育った人はグロースマインドセットになりやすいといわれています。

ドゥエック教授が子ども数百人を対象に行った実験でも、そのことを裏付ける結果が出ています。

まず教授は難しい設問を10問用意し、子どもたちに出題しました。そして、あらかじめ2つに分けていた片方のグループには「8問もよくできたね、頭がいいね」と能力と結果を褒め、もう一方のグループは「よくできたね、頑張ったね」と努力、プロセスを褒めました。すると成績こそ同等でしたが新しい問題に挑戦するかどうかを尋ねると、前者の多くが嫌がり、後者のほぼ全員が喜んで受け入れました。前者は「もし次に点数が落ちたら、頭がいいとはいえなくなる」と心配になったというのです。

その後、両グループに簡単な問題を解かせたところなんと前者は成績が落ち、それればかりか得点を問われると4割が水増しして答えました。逆に後者は成績が伸び、意欲的な子どもが増えていきました。結果を褒められたチームが失敗を恐れ、意欲も低下した一方、プロセスを褒められたチームはチャレンジ精神が芽生え、良い成果にもつながりました。

リーダーになるような人は、成績優秀な学生だった人も多いと感じます。したがって失敗を恐れ、自分を変えたくないと考える人も多いのではないかと思います。

一度身につけたマインドセットを変えることは容易ではありません。ここまでの人生が染みついているわけですから一朝一夕で変わるものではないのです。しかし不可能なわけではありません。チャレンジを奨励し、失敗を責めないチームのなかで過ごせば変わることは十分あり得ます。

ちなみに私は自分の子どもを褒めるときは、絶対に結果を褒めないことにしています。テストで100点を取っても「ふーん」としか言いません。その代わり「どれぐらい勉強したの?」と聞きます。そこで努力の末に勝ち取った100点なら、その努力を褒めるようにしています。あるいは50点だったとしても努力の結果なら、やはりその努力を褒めます。こうすることによってグロースマインドセットをもつ大人になると信じているからです。

メンバーに対してもこのような褒め方をすることが、チームパフォーマンスを向上させるうえでは重要だと思います。

これからの理想のリーダー像

これまでは、自ら正解を導き出し、メンバーに正しい指示をし、やりきらせる人がリーダーに適任とされてきました。しかし社会も顧客も多様化し複雑になった今では、そのようなことはほぼ不可能になりました。個人の力では限界があります。チーム全員で難題に対処していく時代になったのです。

そこで自らが先頭に立ってメンバーを率いる以上に、メンバーのもっている力を引き出すことがリーダーの重要なスキルになりました。これからのリーダーの役割は、「チームの目的・目標を示し、メンバーの力を活かしてそれらを実現する者」なのです。

そのためにはリーダーやチームの前提を見直さなければなりません。

・リーダーにも分からないことがあっていい（なにしろ経験が役立たないのだから）
・個人の力ではなく、メンバーの力を総動員して施策をより良くする
・価値観をそろえるのではなく、多様な価値観を大切にする（そのほうが多様なアイデアが出るから）
・失敗することは構わない。小さな失敗と改善を繰り返しながら向上させていく

誰にでも分かることだと思いますが、このようにマインドを変えることは、とても難しいことと思います。

しかし適切なチームマネジメントを行いチームパフォーマンスを向上させることで、マインドは変わっていきます。水槽の水がきれいになればそこで暮らす魚たちも活性化するのです。

チームパフォーマンス向上の効果とは？

なぜチームパフォーマンスを向上させるべきなのか、それは2つの効果が確実にあるからです。

一つはチームの戦略・戦術・計画がより良いものになるという効果です。高いパフォーマンスのチームでは、メンバーそれぞれがアイデアを出し、より良いと思う方法を提案し、疑問があれば相談します。問題がありそうなら早い段階で発信し、自己研鑽や独自の情報収集で得たことを惜しみなく共有します。その結果、チームの戦略・戦術・計画もおのずから良いものになるわけです。

もう一つ実行力と実行の質が向上する効果もあります。メンバー一人ひとりが全力で仕事に取り組んでいますし、成功・失敗体験を共有することで成功確率を高め、失敗確率を低くします。

またほかのメンバーを進んでサポートすることで全体の効率を高めます。自分が困ったときは進んでメンバーに相談することで自分の限界をチームの限界にしません。うまくいかなければ柔軟にやり方を変えることをいといません。

経営戦略や商品・サービスで差別化することは難しいといわれるようになってから何年も経ちます。差を付けられるとしたら実行力と実行の質ではないかと私は思います。より良い行動をより多くしたほうが勝つということです。

「ティール組織」との違いとは?

私が目指しているのはいわゆる「ティール組織」ではありません。ティール組織とは、社長や上司が細かいマネジメントをしなくても目的のために進化を続ける組織を指します。メンバー一人ひとりがルールや仕組みを理解して独自に工夫し、意思決定していくのが特徴です。

確かによく似ています。ただティール組織に至るにはそれまでに4つの段階があるとされます。

・Red（レッド）組織：個人の力で支配的にマネジメント
・Amber（アンバー／琥珀）組織：役割を厳格に全う
・Orange（オレンジ）組織：ヒエラルキーは存在するが、成果を出せば昇進可能
・Green（グリーン）組織：主体性が発揮しやすく多様性が認められる
・Teal（ティール／青緑）組織：組織を一つの生命体としてとらえる

これは一種の「進化論」であり、思想といえるものです。

なんとなく「うちのチームはオレンジだ」「うちはレッドだよ」と判断もできるのですが、実際には「全体的にグリーンだけど、オレンジやアンバーな部分も残っている」という組織が多いのが現実で、定量的に測定して、今どの段階にいると判断するのは難しいです。

あるいは「目的」が大事だというので、「パーパスドリブン組織」や「パーパスマネジメント（経営）」を思い浮かべた方もいるはずです。パーパスドリブン組織とは、自分たちがなぜそれをするのかという、自らの存在理由（＝パーパス）に、すべてのアクションが立ち戻り照らし合わされている組織です。「パーパスマネジメント」は、個人と組織そ

れぞれのパーパスを適切に導いていくことで、仕事における達成感を最大限に高め、組織の生産性を向上させようとするマネジメント手法です。

目的を明確にし、それに向かって力を合わせるという意味では、私たちの提唱するチームマネジメントと同じことです。ただティール組織と同様パーパスも思想であり、ある組織がパーパスドリブンなのかを定量的に測ることは困難です。

そこで私たちは新たにチームパフォーマンス向上の方法論を確立しました。特徴的なのは、チームパフォーマンスを定量的に測定できることです。測定できないものは良いのか悪いのかが分かりません。良いのか悪いのか分からないということは、向上しているのかどうかも分からないということです。向上を目指して取り組んでいるのに、向上しているかどうか分からないとしたら、続ける意欲が湧くはずもありません。逆に定量的に見てわかれば、目標や強化すべきポイントが明確になり意欲が湧くはずです。

大事なことはチームパフォーマンスを向上させることです。ティール組織やパーパスドリブン組織でもよいのですが、それらになることが「目的」ではないのです。

パフォーマンスは、チームも個人も高めていく

一つ重要なので付け加えておきたいことは、個人のパフォーマンスが低く過ぎてもだめだということです。

組織が良ければ何でもできるかといえばそうではありません。どんなにすばらしいチームであっても本人の能力が低かったり、努力が足りなかったり、やる気がなかったりしたらその人の分だけパフォーマンスが下がることになります。個人のパフォーマンスは、それはそれで上げていかなければならないのです。

逆にいくら力のある人が集まってもチームが活性化していなければ、やはり全体のパフォーマンスは上がりません。優秀なのに目的意識を共有できない人や、一人の仕事では大きな成果を出すのに自分を過信し他者と協力できない人たちが集まっているチームがあったとします。このチームが高いパフォーマンスを上げるのは難しいと想像がつきます。4番バッターばかりやエース投手ばかりの野球チームが優勝できるとは限らないのと同じです。

チームの状態がよくなれば「自分一人で最高の仕事をする」というのではなく、「チームの力を結集して、チームとして自分一人ではなし得ない本当に最高の仕事をする」という視点が生まれてきます。その視点こそがこの現代を乗りきるために必要な「高いチームパフォーマンス」の源になるのです。

第3章

エビデンスに基づいた、
真のチームパフォーマンスとは何か？

チームパフォーマンスとは何か

チームパフォーマンスと聞くと「会議が活気にあふれている」「みんな仲が良い」「スキルの高い個人の集団」といったイメージでとらえる人が多いのですが、本書でいうチームパフォーマンスとは、「チームが売上や開発の目標といった実現すべき成果に影響を与えるメンバーの主体的行動の総和」です。

会社の経営戦略が間違っていたら業績は悪くなります。しかし経営戦略がいくら正しくても行動がなければ成果は出ません。実行の質と徹底度、言い換えるとより良く実行することとやると決めたことをやりきることが大切です。チームパフォーマンスを向上させることでこの実行の質と徹底度を高めることができます。向上させても業績が上がらないのであれば経営戦略に問題があるのかもしれませんし、景気や業界動向など外部環境に原因があると考えられます。

一概にはいえませんが、一般に業績が悪いときには経営戦略かチームパフォーマンスのどちらかに問題があることになりますが、経営戦略の良し悪しを測定するのはなかなか難しいことです。一方、チームパフォーマンスについてはさまざまな学術的研究から測定する方法が明らかになっています。測定できる、つまり「見える」ので改善策を立てていくことが可能になります。

チームパフォーマンスの実体は8つの主体的行動

チームパフォーマンスが「チームが実現すべき成果に影響を与えるメンバーの主体的行動の総和」ということは、そのような主体的行動とは何かを明らかにし、それを測定すれば、チームパフォーマンスを数値化することができるということになります。

数多くの先行研究を踏まえさらなる独自研究を重ねた結果、チームの成果に影響を与える主体的行動を8項目に定義付けし、大きく2つに分類しました。

まず分類を示すと自己向上行動とチーム向上行動になります。自己向上行動には4つの要素があります。顧客貢献行動と最善行動、プロセス改善行動、クリエイティブ行動です。

図表1　チームパフォーマンスにおける8つの主体的行動

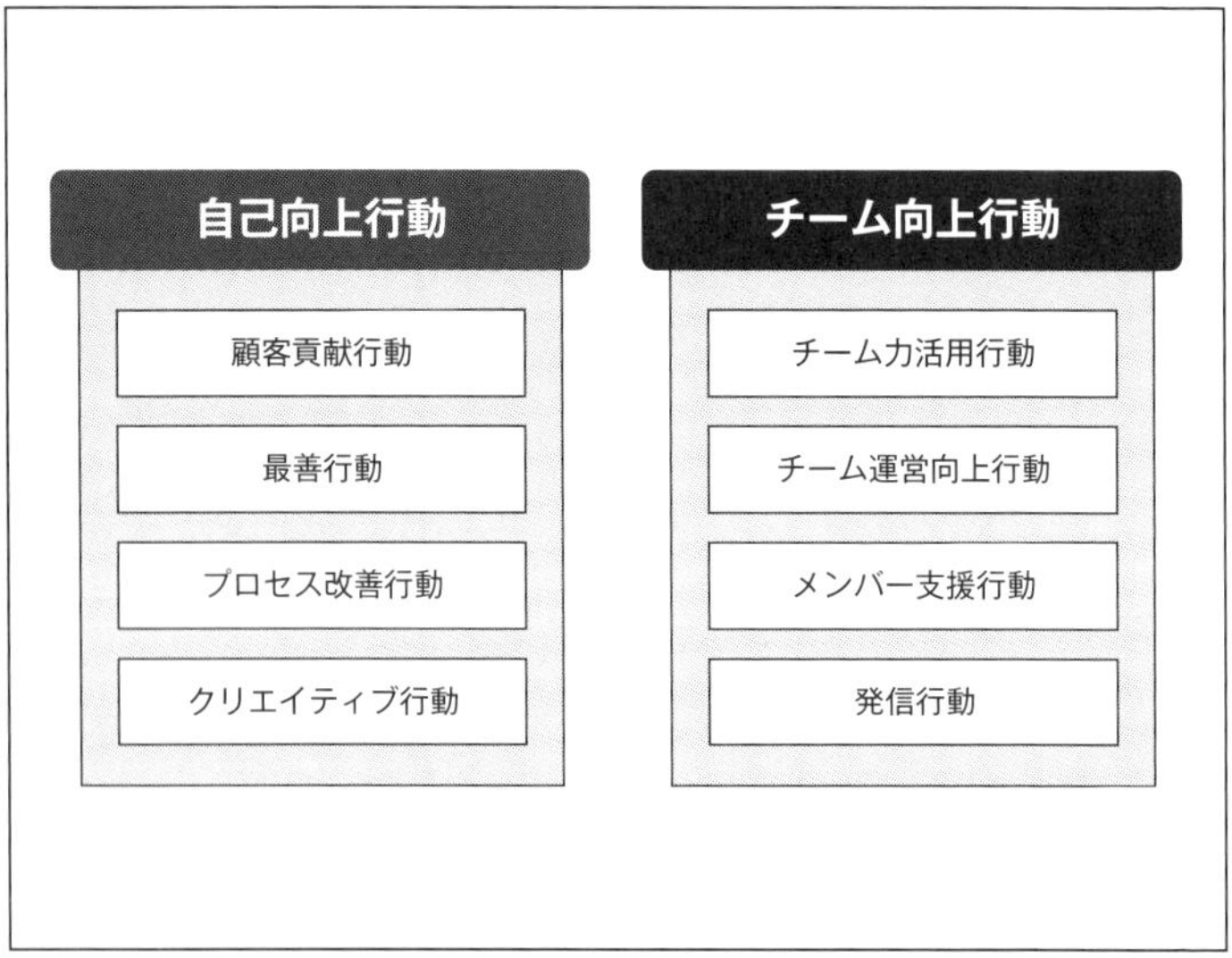

チーム向上行動にも同じく4つの要素があります。チーム力活用行動、チーム運営向上行動、メンバー支援行動、発信行動です。

これらの行動をメンバーが高レベルで発揮できていれば、成果を上げられるチーム、つまりパフォーマンスに優れたチームということになります。

例えば顧客貢献行動が実行できているチームであればメンバー一人ひとりが顧客のために尽くし、そのために自分の仕事をより良くしようと常に前向きに改善し続けています。さらに発信行動がなされていれば、メンバー間で情報がしっかりと共有され、改善すべきことがあれば率直に言い合っている、そんな理想的なチームです。

これらを特定するために私たちはまずは細かなアンケート調査を実施しました。一つの行動についてそれぞれ3つずつ質問項目を用意し、その回答を見てスコアを計算しました。初期検討の段階では、実は20項目の主体的行動が存在していましたが、最終的に統計的な有意性を踏まえて、この8つの項目に絞り込みました。

これら8項目の行動をメンバーが高いレベルで発揮しているほど、チームとしての成果や目標達成を実現する可能性が高くなります。

自己向上行動4つの項目

自己向上行動といっても、自己啓発、すなわち個人が個人のパフォーマンスを高めるための行動ではありません。あくまでもチームの目的・目標を達成するために各個人が自分の仕事をより良くしようとする主体的行動です。それには4つの項目があります。

自己向上行動 ①顧客貢献行動

顧客に対して自分ができる最大限の貢献をしようとして行動していることが顧客貢献行動です。

常に顧客を意識して事務的な対応にならないようにしたり、ほどほどの応対で済ませたりしないことがポイントです。顧客の要望実現のためにあらゆる手を尽くす、顧客に積極的に価値提案をしていくことなどが顧客貢献行動だといえます。仕事をしている以上、顧客のために全力を尽くすのは当たり前に思うかもしれませんが、自信をもって「全力で尽くしている」と答えられる人ばかりではありません。全力を尽くさなくてもビジネスモデルが秀逸で成り立ってしまっている場合もあります。それでも顧客貢献行動が低くなれば、いずれ顧客の信頼を失ってしまうので最重要項目です。

自己向上行動 ②最善行動

自分の仕事に全力で取り組み最善を尽くすことが、最善行動です。

仕事においては、手を抜かずに自分の仕事を高いレベルでやりきっているかがポイントです。

常に全力で仕事に取り組むのは、誰でも難しいものです。特に慣れてくるとよく考えずに仕事を進めたり、この程度で十分とセーブしてしまったりすることがあります。知らず知らずのうちに手を抜いてしまっていることがあります。しかし、最善を尽くさなければ期待する成果は上げられなくなります。成果を上げ続けるために重要な項目です。

自己向上行動　③プロセス改善行動

仕事の進め方をより良くするための取り組みが、プロセス改善行動です。

良い結果を出すには良いプロセスが必要です。たまたまうまくいくこともありますが、プロセスが明確でなければ再現性がなく同じ仕事を異なる人がすると失敗の可能性も高まります。同じ人がもう一度行っても失敗しかねません。プロセスを定義しようとする、常に進め方や段取り、効率性、ロス率、成功率、品質の向上などに問題意識をもつ必要があります。そして無駄な作業を省いたり、ＩＴ等を活用して省力化や自動化を図ったり、工程を変えてミス・ロスを減らしたり、トークスクリプトを見直してアポ率を上げたりすることがこれに当たります。

自己向上行動　④クリエイティブ行動

自分の仕事に新たな視点やアイデアを入れようとすることがクリエイティブ行動です。決められたとおりにただ仕事をするのではなく、情報収集やアイデア交換によって仕事をレベルアップしていく行動です。そして、得た情報やアイデアを仕事に活かしていくのです。

チーム向上行動4つの項目

チームで仕事をしている以上、チーム全体の力を高めていくことが重要です。チーム向上行動はメンバーが当事者意識をもってチームに関わりチーム力を高めようとする主体的行動です。

チーム向上行動　①チーム力活用行動

メンバーの力を活かしてより良い仕事をするためのコミュニケーションが、チーム力活用行動です。メンバーの強みやノウハウを、自分の仕事に活かせることがチームで仕事をするメリットです。自分の仕事の質を高めるためにメンバーに意見やアドバイスを求めたり、メンバー同士で深いコミュニケーションを取ったりすることが典型例です。

逆に同僚との話し合いが必要な事柄にもかかわらず、同僚には相談せず上司にだけ相談する部下がいたり、一人で仕事を抱え込んでいるメンバーがいたりするのであればチーム力活用行動のレベルが低いといえます。

チーム向上行動　②チーム運営向上行動

チームの運営や活動をより良くするための行動がチーム運営向上行動です。

チームが活性化していないとリーダーが悪い会社が悪いと責めるメンバーもいますが、チームの雰囲気を悪くしているのは、実は責めているメンバー自身だということがあります。チームを向上させる責任は管理職や会社にもちろんあります。しかしそれだけではなくメンバー一人ひとりにもあるのです。

そういう意識をメンバーが共有し、チーム運営についての提案をしたり、チーム全体に役立つ情報を自発的に収集、発信したりすることがチーム運営向上行動の典型例です。

チーム向上行動 ③メンバー支援行動

自分以外のメンバーの仕事がより良くなるために、出し惜しみせずに自ら支援や提案をすることがメンバー支援行動です。

相談されたら協力するレベルはメンバー支援行動とはいえません。常に周囲のメンバーに関心を払い、うまくいっていないメンバーがいたら支援や提案、アドバイスをする行動です。さらにもっと重要なポイントはたとえ相手が困っていなくても自分から情報やアイデア、ノウハウを提供する、進んで協力を申し出るということです。

また経験を重ねることで専門性の高い仕事であれば、それぞれが自分なりのノウハウや仕事から得た情報をもっているものです。それらをメンバーに惜しみなく提供しているかどうかもチームのレベルを高めるうえで大変重要になります。

チーム向上行動 ④発信行動

自分の意見や考えをチーム内で進んで発信することが発信行動です。

たとえ反対意見があっても自分の考えを偽ることなく率直に伝えられているか、違和感や問題を感じたら、それを声にすることがポイントです。

発信行動というと提案やアイデア出しと考えがちですが、この違和感や問題に対して発言できるかどうかも非常に重要です。「おかしいな」と感じながらいいだせず、結果的に大きなトラブルにつながってしまうことは少なくありません。悪い結果の報告や失敗談を話すことも含め、問題についての発信、進言はリスク回避につながる重要な行動です。

自己向上とチーム向上のスコアを比較

主体的行動の発揮度合いをスコアリングした際にまず着目することは、自己向上行動とチーム向上行動のどちらのスコアが高いかです。そして当然ながらまずはスコアが低いほうを高める施策を採っていきます。

例えば医師、税理士、設計士、技術者など専門性が高い職種のチームでは自己向上行動のスコアが高くなる傾向があります。ただそれだけではチームがバラバラになることもあるので、チーム向上行動を促すようなマネジメントができれば、非常に高いチームパフォーマンスに達することが期待できます。

その際、専門性の高い人たちは自分の仕事に誇りをもっているので、チームがバラバラであったとしても「あなたたちのチームはだめですね」という言い方では良くなりません。「チームの力を利用したらもっとすごい仕事ができますよね」というアプローチが効果的です。

一方で一般的な職種のチームは逆にチーム向上行動のスコアのほうが高くなる傾向があるので、自己向上行動が取りやすくなるマネジメントを心がけていくべきです。

これらの人たちは「すでにチームの雰囲気はいいので、一人ひとりがもっと力を磨いて高めていけるとさらにチームパフォーマンスが上がりますね」という促し方に効果があります。

専門性の高低によって傾向があることを示しましたが、必ずしもこうとは限りませんし高度な専門性をもつ人とアシスタント的な人がバランス良く配置されたチームもあります。なかには「うちのような仕事は専門性が高いのか低いのかよく分からない」というチームもあります。それでもスコアを見れば、チームの傾向を判断することができます。

とはいえ必ずしも同じスコアにするのが良いということではなく、それは仕事の内容やチーム構成、事業の種類で変わってきます。チームの目的・目標にとって個人力がより重要であれば、自己向上行動のスコアが高いほうがよいですし、逆もまたしかりです。

２０２０年に２９８チームを対象に行った調査では、約６割がチーム向上行動のスコアのほうが高くなっていました。約４割は自己向上行動のスコアが高くなっていましたが、これらのチームは医療職、税理士等の専門資格者、コンサルタントなど専門性が高い職種のチームが多くを占めていました。

専門性の高いチームであっても、これからは連携していかないと成果を出すのが難しい時代であることに変わりありません。例えば税理士でも相続税に強い人もいれば法人税に強い人もいますが、顧客は総合的な提案を求めています。したがって高い専門性をもった者同士が連携して対応していかなければ、顧客のニーズに応えられません。チームで対応しなければならないのです。

仕組みを作るならチームで作る

メンバーの主体的な行動を引き出すために知っておいてもらいたいポイントがあります。

一つ目が仕組み作りです。チーム力向上というと、仕組み化すればよいのではという人がいます。その仕組み化の内容を問うと仕事の手順を洗い出して標準化し、ルールを明確にして、それを守って仕事をすることだといいます。問題は誰がその仕組みを作り、どのような形で守らせているかです。

例えば「商談シート」をリーダーが作成し、「客先に行って、ここに書いてある項目を埋めてこい。面談の時間は30分以上だ」などとメンバーに指示するとします。確かにどの営業パーソンでも同じように仕事ができます。シートのできが良ければ、受注率もそろってくるかもしれません。しかしそれは主体的に行動した結果ではありません。

今まで受注できなかった営業パーソンが受注できるようになるのは喜ばしいことです。しかし長い目で見ると、その営業パーソンは成長しない恐れがあります。自分で考えず、指示されたことをそのとおりに実行することが習慣化してしまったメンバーは、受け身的な人材になってしまいます。

仕組みやルールを作るにしても、メンバーと一緒に作り、メンバーの考えも踏まえてルールを作ることが大切です。最後に決めるのはリーダーでよいですし、メンバーの意見がすべて反映される必要はありませんが、メンバー自身が「考える」機会を作ることが大事です。そうでなければ自主性・主体性が育たず、チームは活性化しません。

仕組み化というのは本来、指示されなくても自動的・自律的に動けるような仕組みを作るということですが、そもそもプロセスに加わったり、仕組みの運用においても考える機会がなければ自主性は育たないのです。

ただ気をつけてほしいのは、緊急時においては自主性を育てる余裕はありません。1カ月で今ある在庫を売りきらなければ会社が潰れてしまうというようなときには「強烈なトップダウン」のほうが効果を発揮します。経営者や管理職が指示・命令すべき場面もあるということです。

とはいえ外部環境の突然の変化が原因でこういう事態になった場合は別として、危機を招いてしまったのはそれまでのマネジメントの仕方に問題があったのかもしれません。中長期的視野でチームマネジメントに取り組んでこなかった結果、メンバーの自主性が失われ、積もり積もって危機的状況になっていた可能性があります。なぜこうなったのか、分析する必要があります。

例えば現場の社員は危機の兆候に気づいていたのに、管理職以上に報告が行っていなかったというケースがよくあります。チーム向上行動でいえば発信行動が失われていたということになります。

「何かおかしい」「どうやらまずいことになりそうだ」と薄々感じていても「そんなことを言ったら怒られるんじゃないか？」「言おうとしたのだけど周囲に止められた」「誰も言わないから問題じゃないと思っていた」などの理由で発信ができなかったという話を多くの会社で聞いてきました。指示・管理型マネジメントが行われており、成果が上がれば称賛され、失敗すると鞭を打たれる職場ではありがちなケースです。

褒めるのにもコツがある

2つ目は褒めるということについてです。チーム内においてリーダーがメンバーを褒める、称賛するということは大切です。

日本には「褒めて育てる」という言い方があります。叱るよりも褒めたり称賛したりするほうが人は成長するという考え方に基づいています。飼い犬の躾などでも悪さをしたときに叱りつけるより、良いことができたときに褒めるほうが良いとされています。しかし人間の場合はそうではありません。

褒めるという行為には言葉で褒めるというやり方のほか、賞品や報奨金などインセンティブを与えるという方法もありますが、問題は褒める理由です。

フィックストマインドセットとグロースマインドセットの概念では、「結果を褒められて育った人はフィックストマインドセットになりやすく、プロセスを褒められて育った人はグロースマインドセットになりやすい」ことが分かっています。

「グロースマインドセットは、自分の能力は伸ばせるという考え方に基づき、自らストレッチなゴールを掲げて、失敗を恐れず、難問にチャレンジし、そこから学ぼうとする態度」なので、自主的な人のマインドセットだといえます。したがって、グロースマインドセットのリーダーが望ましいのと同様に、チームパフォーマンスを向上しようと考えるのであれば、グロースマインドセットのメンバーが集まっているほうが向上しやすいといえます。

そのためには、リーダーは結果を褒める以上に必ずプロセスを褒めるようにしなければならないのです。その観点でいうとたとえ結果がよくても手を抜いていたり、いい加減にこなしていたのだとすればそれは叱責や注意に値します。褒めるのもプロセスであれば、叱るのもプロセスでなければならないのです。

命令型ではパフォーマンスは長続きしない

3つ目はリーダーシップです。リーダーシップの取り方としては、いわゆる「率先垂範」というものもあります。

自分が先頭に立つということは大事なことですが「私のやり方を見ておけ！　手本を見せるから、やってみろ！」とまでいくと、結局上司から部下への命令型のマネジメントです。一時的な個人のパフォーマンス向上に役立っても、チームパフォーマンスの向上にはあまり役立たないといえます。

そもそもリーダー一人で考えても、解決策が出ない時代に突入していることが問題だったはずです。手本を見せられるような仕事は今やほとんどなくなってしまったのです。

もちろんまだ見習いレベルの新入社員には有効なケースもあります。しかし、今や自分がチーム内で最も優れているというリーダーよりも、自分よりも優れている人を何人も育てたリーダーのほうが優秀だという時代になっていると、私は感じています。

全国に100カ所ほどの営業所をもつ会社のコンサルティングをしたときのことです。定期的にチームパフォーマンスをスコア化し、分析結果をウォッチしていると、スコアが突如劇的に上がる営業所が出てきます。その多くがエリアマネージャーが交代した営業所でした。はっきりいってしまうと、リーダーが替わればチームパフォーマンスは簡単に向上するのです。

ただし長続きするかどうかは、新しいリーダーが主体性を重んじてメンバーの力を引き出すマネジメントをするかどうかにかかっています。メンバーが指示や命令を順守することによってチームパフォーマンスが高まっているのであれば、そのリーダーによる指示・管理型のマネジメントが続けば「やらされている」という不満が高まり、チームパフォーマンスは下がっていきます。そしてまたリーダーが替わると、新しいリーダーへの期待から一時的にはパフォーマンスは上向きますが、指示・管理型のマネジメントであれば、やがて下降線をたどるという負のスパイラルに陥るのです。

これは指示・管理型のリーダーでは、メンバーの一時的なパフォーマンスは引き出せても主体性を育むことはできないということを表しているのです。

チームごとの目的を設定して共有

そしてチームをマネジメントするうえで最も重要なことは、目的を共有することです。さらにその目的には意義があり、意欲をそそるものであることが重要です。

目的とは「何のためにやるのか?」ということです。目標とは「どうなったら達成なのか」ということです。そして意義とは「達成したらどうなるのか?」ということです。そもそも、チームマネジメントはチームの成果を最大化するために行うものですが、目的、目標、意義が共有されていなければ、目指す成果が共有されていないのと同じです。目標しか共有されていないチームも多いですがそれでは不十分です。

例えば、会社全体を一つのチームととらえれば「永続企業として成長発展するため」ということが目的になり得ます。そのための目標は「売上○○○億円」などが挙げられます。家電メーカーであれば「多くの人の生活が豊かになる」ということかもしれません。つまり自社が目標を達成し、その結果目的を実現できたときに、社会や他者に対してもたらし得るものが意義なのです。利他といってもよいです。

あるいは情報システムチームであれば「会社全体の生産性向上」が目的で、「2022年4月に新しいグループウェアを導入する」というのが目標になり得ます。その意義は「一人ひとりの社員が雑務から解放され、成果に直結する仕事に専念している」ということが考えられます。これは社会に直結する意義ではないかもしれませんが、自部門以外での社員への貢献という点で十分利他的で意義になり得ます。

営業企画チームであれば「新たな受注ルートの構築」という目的に対し「Webから売上10億円」という目標を設定するかもしれません。その意義は「市場に挑む営業パーソンに希望をもたらす」といったものになるはずです。

このように意義とは、具体的なターゲットがあって社会やその人たちがどういう状態になっているかという形式で語られるものだといえます。そしてチームメンバーが本気で、「あの人たちがこうなっていればいいな」とワクワクした気持ちになるのであれば、そのチームのパフォーマンスは非常に高い確率で向上するのです。

「苦しいときには、ターゲットとした人たちの喜ぶ顔を想像する」というムードであれば、厳しいリーダーであろうが一時的に長時間労働が必要であろうが、チームは喜んで働きます。逆にそんなムードのないチームであれば、リーダーが優しかろうが業務が毎日定時に終わろうが、チームは活性化しません。

常にチャレンジするチームを目指すために

問題解決が難しくなった現代、個人にもチームにも常にチャレンジが求められています。そのためにリーダーはチーム、しかも常にチャレンジするチームを作っていかなければなりません。

そして、手段ではなく目的の共有に力を注ぐことが重要です。このようなマネジメントにはいくつかポイントがあります。

・あらゆる取り組みに目的や意義を設定すること
・メンバーと目的・意義を共有し、ともに練り上げていくこと
・常にメンバーに、目的・意義を問い、確認し、意識させること
・目的を基準に判断すること

これらをしつこく、諦めずに本気で続けていくことです。

リーダーに「あなたのチームの目的は何ですか？」と問うと「一人ひとりがイキイキと」「お客様に価値のある仕事を」「みんながやりがいをもって」「メンバー同士が協力し合って」などと答える人が多いです。しかし、重要なのは言葉ではなく実践です。その実践を強化するのは、チームとしてのありたい姿や取り組むことの目的・意義を自分の言葉での継続的な発信です。毎日メンバーに発信してもよいくらいです。発信し続けることでそのことが脳に記憶され、その記憶が強化されていきます。

結局のところ目的・意義や方針といったことは、メンバーを方向付ける以上にリーダー自身の行動を律する作用があるのです。これが不十分だといわゆる言行不一致が起こります。メンバーはリーダーの言葉のブレに敏感です。「顧客のためにと言ったくせに、会社の利益を優先した」と思われたら最後、リーダーが「顧客のために」と言うたびにメンバーはしらけていきやがて不信感をもつようになります。

そもそも人間は結果が分からないことに不安を感じるものです。例えば初めて見たものを何でも食べるような人間ばかりだったとしたら、人類はとっくに滅んでいたと思います。チャレンジは本来不安で苦しいことですし、本当にこんなことに意味があるのかと自問自答するのもおかしなことではありません。

だからこそ意義と目的の設定が重要なのです。

何をするかではなく、何を実現するかにコミットする習慣もリーダーが身につけておくべき思考スキルの一つです。何をするかに集中してしまうと、それがうまくいっていないと不安になったり、逆にうまくいっていないのにそのやり方に固執してしまったりします。

何を実現するかにコミットし、意義と目的が明確になっていれば、やり方は自由ですし、臨機応変な対応が可能です。うまくいっていなければやり方を変えればいいのです。

それこそチャレンジです。メンバーからは「うちのリーダーは朝令暮改。やり方がころころ変わる」と言われそうで不安をもつかもしれませんが「このやり方だと成果が出ない。成果を出し、目的を実現するために思い切ってやり方を変えたいから協力してほしい」と伝えればいいのです。実現すべきこと、その目的と意義が明確であれば、メンバーもやり方を変える必要性を理解し、ともにチャレンジしてくれるはずです。

ですから本当に「これだ！」と思える目的と意義を設定し、それに基づいて一貫した判断や行動をとることが大事なのです。そしてメンバーと目的と意義の共有に力を注ぐのです。目的と意義が共有されていくことで、たとえ困難があっても試行錯誤し、より良いやり方を主体的に考え、成果の実現に向けてチャレンジし続けるチームへと進化していくのです。

結果に責任をもつからこその特権

チャレンジするチームは失敗の多いチームだと言い換えることができます。失敗に失敗を積み重ねて、つまり試行錯誤しながら目標の達成を目指します。

また会社には年度というものがあり、半期、四半期という単位で業績を問われます。もっと細かく月や週といった単位で成果を出すことを求められる会社もあります。毎期・毎月大成功というのは今ではかなり難しいことです。

だからといってチャレンジをやめるわけにはいきません。チャレンジはもはやチームという水槽における酸素のようなもので、それなしではメンバーは生き残れない――そんな時代になりつつあるのです。

では、誰が責任を取るのかというと当然リーダーです。結果の責任はリーダーにあります。リーダーが考えた解決策を部下に指示して、それで失敗したのなら明らかにリーダーの責任ですが、チーム全員で考えた計画で失敗しても責任を取るのはリーダーというのは理不尽なことのようにも思えます。

しかしリーダーには特権があるのです。それは自分の理想のチーム、自分が目指す目的を叶えられるチームを創り出せるという特権です。だからこそその特権を本気で行使してほしいと私は思います。

本気になったリーダーが科学的なエビデンスに基づく方法論を駆使して、メンバーの力を結集することができれば、成功の確率は上がるはずです。

主体的行動を理解し、メンバーに説明するだけでは主体的行動のスコアは高まらず、その総和であるチームパフォーマンスも高まりません。主体的行動のスコアを測定することは、チームパフォーマンスを向上させるための大前提ですが、それぞれのスコアを向上するためには、そのための知識と取り組みが必要になってきます。

Z世代は意義を重要視

これからの時代のチームマネジメントにはこれから会社を担っていく中心となるZ世代への対応が欠かせません。

Z世代とは日本ではおおよそ1995年〜2009年ぐらいに生まれた人たちを指します。生まれた頃にはインターネットが普及していて、子どもの頃からスマートフォンをもっていた世代です。ネットで買い物をすることやキャッシュレス決済にほとんど抵抗がありません。これからのデジタルトランスフォーメーション（DX）時代を担っていく世代として期待されています。

Z世代は学生時代からボランティアに取り組む人も多くいます。社会的貢献に積極的で、そのような行為を当たり前と考えています。そこに意義を感じるからです。目的や意義をそれ以前の世代よりも大切にしている世代でもあるといえます。

したがって目的や意義を大切にするマネジメントは、Z世代に響きやすいものだと私は考えます。さらにこうした傾向はZ世代以降も続くと思われます。若い人と話が通じず、マネジメントが難しいというベテランにとっても、チーム力を意識したマネジメントは大いに参考になるはずです。

第4章

メンバーの９つの心理要因を刺激することで、チームパフォーマンスは劇的に向上する

声がけにも細心の注意が必要

　マネジメントには数値化が必須です。進捗管理をするにもコスト管理をするにも、品質管理をするにも数値化されていなければ精度の高いマネジメントはできません。管理に数値を用いないマネージャーはいません。

　逆にいえば数値化できれば管理可能だということです。チームパフォーマンスも私たちの手法で数値化すれば管理できます。状況把握と改善は分けて考える必要があります。例えば主体的行動のスコアを見たところ、最善行動のスコアが低かったとします。そうなると多くのマネージャーが「仕事で手を抜くなよ」「納得いくまでやりきれよ」「妥協はだめだぞ」などとメンバーに声を掛けるはずです。声掛け自体が悪いとはいいきれませんが、それが命令や強制と受け取られると、メンバーはとたんにやる気を失います。結果としてチームパフォーマンスが下がることになります。

　ここで重要なのは指示・命令ではなく、メンバーの力を引き出すマネジメントです。なかには、リーダーが「仕事で妥協してないか?」と一言言えば、ハッと気づいてメンバーが主体的に行動を改善するチームもあるかもしれません。しかしこのようなチームは、そもそもチームパフォーマンスが非常に高いチームです。最善行動のスコアが低いといってもほかは90点以上なのに、最善行動だけが80点前後というチームの話なのです。

そこまでに至っていないチームでのリーダーの行動声掛けは、チームパフォーマンスを下げるリスクがあります。声掛けではない、つまり指示ではない方法が必要なのです。

自己向上行動とチーム向上行動を促進する9つの心理要因

「やれ！」と指示・命令されて喜んで動く人はいません。終身雇用・年功序列の時代であれば、それでも人は我慢して動きました。なぜなら若いうちに我慢して働いていれば、将来報われるという保証が期待できたからです。しかし今ではそのような保証ができる会社はほとんどなくなりました。

今は指示されても本人が「やりたい！」と思わなければ動きません。あるいは「やってもいいんだ」と感じられなければ動きませんし、動いたとしても続きません。

あるチームで行動的だった人が、別のチームに異動したら受け身になってしまったということはよくあります。新しいチームでは積極的に行動しても報われないと感じるからです。それどころか批判されてしまうことさえあります。一方で指示待ちと思われていた人が、チームを変わったとたんに提案や発言などの主体的な行動を始めるというケースもあります。

大切なのはチームの雰囲気です。それがメンバーの行動を抑制したり、促進したりするからです。

雰囲気には物理的なものと心理的なものがあります。物理的というのはオフィスが美しい、広々としている、照明が落ち着く、空調が良好などです。もちろんこれらも大切ですが、それ以上に心理的な要因が大切であることが、私たちの独自研究から分かっています。

主体的行動の発揮に影響する心理要因は9つあります。①目標共有、②心理的安全性、③チームへの愛着、④メンバー信頼、⑤チャレンジ精神、⑥仕事のやりがい、⑦プロセス重視、⑧顧客重視、⑨チーム貢献への自信、です。チームがこの9つを大切にしていることをメンバーが実感すればするほど、主体的行動を発揮するようになります。

つまりチームパフォーマンスを高めるためのマネジメントとは、これら9つの心理要因のマネジメントなのです。

心理要因を高めるマネジメントの実践

心理要因　①目標共有～すべての心理要因の根底

目標共有とは、チームの目標とその達成に向けた自分の役割の理解度合いです。これは特に最善行動やメンバー支援行動に影響を与えます。目標達成のためには自分が最善を尽くすことも、メンバーを手助けすることも大切だからです。

目標共有を高めるためには、チームの目的や意義を共有することが必要とされます。リーダーが何度も目標を伝えているのに、メンバーの腹に落ちていないことがよくありますが、そのようなときはメンバーに数値目標だけを伝えていて、その目的や意義を伝えていないことが多いのです。目的・意義があれば目標となりますが、なければノルマになってしまい、メンバーのやる気を削ぐことになりがちです。

目標共有は、チームマネジメントにおいては根底をなす必須要因です。事実、目標共有がその他の心理要因、特に心理的安全性・チームへの愛着・仕事のやりがい・プロセス重視・顧客重視に大きな影響を与えることが、私たちの統計分析で判明しています。

また、目標を達成したときの達成感や他者への貢献度をイメージするうえでも重要です。目標設定時は目標が多いと混乱したり矛盾したりするので、できれば3項目以内に絞り込むと良いと思います。

なお意義には内向きなものと外向きなものがあります。例えば売上目標を達成したときの意義としては、メンバーみんなの給料が上がるというのが内向きです。売上が上がるということは多くの人が使ってくれたということであり、それによって社会貢献できていることになるというのが外向きです。きれいごとに聞こえるかもしれませんが外向きの意義のほうが実現したときに達成感が感じられ、内向きの意義よりもやる気が長続きするものです。

したがって意義を設定する際には外向きであることが重要になってきます。「大義名分」があると人は動きやすいのです。何のために仕事をしているのかと問われてその答えが「給料のため」だと給料にならないことはやらなくなるというのが、内向きの意義づけの怖いところです。「世の中を良くするため」だと「世の中のためになっているか?」という視点になるので、利己的な思考に陥ることを防ぎ、自分たちの貢献を高めようという思考になります。外向きの意義があることのほうが働きがいにつながるものなのです。

心理要因 ②心理的安全性～生産性を高めトラブルを回避する

心理的安全性とは、チーム内で自分の意見や考えを偽りなく伝えられると感じる度合いです。「偽りなく」の部分が最も重要です。

特にメンバー支援行動やチーム運営向上行動に影響を与えることが分かっています。心理的に安全だと感じられなければ、行動は委縮してしまいます。

心理的安全性はハーバードビジネススクールのエイミー・C・エドモンドソン教授が提唱した概念です。グーグル社が２０１５年に「生産性の高いチームに共通しているのは心理的安全性の高さだった」と発表したことで一気に世界中に知れ渡りました。

心理的安全性と聞くとホンワカした和気あいあいとした仲良しチームを想像するかもしれません。しかしそれは誤解です。誰も意見に反対しないとか、提案が簡単に通ったりするという意味ではありません。逆にみんなが率直に意見を言い合うことから、厳しい雰囲気になることもあります。

例えばあなたがチーム最年長だとします。心理的安全性があるということは、あなたの意見を新入社員がチーム全員の前で論破する可能性もあるということです。和気あいあいどころか居心地が悪い思いをする人もいるはずです。論破するほうだって気持ちがいいとは限りません。後味の悪い気持ちになる人もいます。

心理的安全性の高いチームを別のイメージでとらえるなら、プロスポーツは良い例です。例えばサッカーは瞬間の判断と行動が要求されるスポーツです。試合中は年下の選手が年上の選手を平気で呼び捨てにし、「橋本、パス寄越せ！」「もっと早く仕掛けろ！」などと強く要求しているシーンを目にします。「あの人は先輩だから、パスをくれるまで待っていよう」などと思っていたら、試合に出場させてもらえなくなります。仕事の現場で呼び捨てはまずいと思いますが、率直な意見を交わすことはとても大事です。

とはいえ自由に意見が言えるといっても、好き勝手を言えばいいわけではありませんし、わがままを言うのも違います。提案が必ず取り上げられると思ったら勘違いですし、むしろ考えが浅いと問題になります。

考え方や意見が違っていても、偽りなく率直に発言できるということが、心理的安全性の本質です。そのために重要なことは、人格攻撃を許さないこと、誰が言ったかを問題にしない、特に立場（役職など）で意見の軽重を判断しないことです。最低限、これらを満たさないと心理的安全性は生まれません。

人間性を重視し過ぎることも心理的安全性の阻害要素になり得ます。「あの人は頑張ってくれているから」「すごく性格がいいから」「面倒見がいいから」などの理由で発言を尊重するのはよくありません。「ちょっといけすかない」「頭がいいのは自分だけと思っているのではないか」というような人の意見も平等に扱わなければならないのです。

心理的安全性が高いことの最大のメリットは、チームの生産性が高まることです。グーグル社もこのことを強調していました。立場にかかわらず誰もが自分の意見や考えを発言し、理解できなければ遠慮なく質問したり真意を尋ねたりしています。また自分一人ではまとめきれない提案やアイデアについては、誰かに意見やアドバイスを求めることもできます。

もう一つ、事故やトラブルの回避力が高まるというメリットがあります。懸念があったり、問題を把握したりしていれば、積極的に進言できるからです。

心理要因 ③チームへの愛着～コミュニケーションの活発化のために

チームへの愛着とは、チームやメンバーに対して感じている好意的感情や敬意の度合いです。

これは特にチーム力活用行動に影響を与えます。チームメンバーへの好意的感情や敬意があれば密にコミュニケーションを取るようになり、メンバーの力を活かすという行動につながりやすいからです。

チームへの愛着を高めるためにはまずメンバーやチームそのものに関心をもち、よく知ることです。メンバー同士、お互いのバックボーンや思いを理解するのです。

さらにチームが顧客や自社、あるいは世の中のためにどのように役に立っているかを認識することも有効です。そのためにはチームの成り立ちや歴史を知ったり、外部からの期待や評価を知ったりするということがポイントになってきます。商品やサービスをＰＲするために顧客の声を集めたり、導入事例を取材したりすることがあります。これは自分たちが提供しているものの価値を客観的に伝えるという効果もありますが、実は自分たちの価値を再認識することにも役立っています。顧客満足度調査などにも同じような効果があります。離れてみて、自分がいたチームの良さが分かったというのはよくある話です。

「愛着をもて」と言っても無理なので、自分たちのチームの良さを客観視し、「愛着や誇りを感じられるようにする」のです。自分たちの良さは自分たちではなかなか分からないものなのです。

チームに愛称をつけたり、キャッチフレーズを作ったりすることも愛着を高めるうえでは効果的です。

心理要因　④メンバー信頼〜対立関係ではなく双方向的な関係に

メンバー信頼とは、メンバーに対する能力面・心理面の信頼の深さです。これは特にプロセス改善行動に影響を与えます。

信頼は職務的信頼と情緒的信頼で構成されます。職務的信頼とは技能に対する信頼であり、情緒的信頼性とは人間性や人柄に対する信頼です。

技能面と人柄のどちらにも高い信頼があるということは、お互いを認め合っているということでもあります。そうした状態では切磋琢磨が生まれ、自分自身の行動をより良くしようと行動します。

重要なポイントは信頼する側とされる側という「対立的構図」にしないことです。一般に上司や先輩は信頼される側、部下や後輩は信頼する側という構図が生まれがちですが、これは対立の関係です。上司や先輩も部下や後輩を信頼し、部下や後輩も上司や先輩から信頼されるという双方向的な関係にするべきです。

そうなるためには立場や経験によらず、すべてのメンバーがほかのメンバーから信頼されるための努力をしなければなりません。そのうえで、一人ひとりがほかのメンバーの強みに目を向けたり、考えや思いを共有したりすることがポイントになってきます。

心理要因　⑤チャレンジ精神～前向きな気持ちを醸成

チャレンジ精神とは、自分の身に降りかかることやチャレンジを通じて経験する困難な状況を前向きにとらえる度合いです。

これは特にチーム向上行動全般とクリエイティブ行動に影響を与えます。チャレンジ精神が高ければ積極的な行動が発揮されやすくなり、多くの主体的行動の原動力となります。またチャレンジ精神はほかの心理要因であるチーム貢献への自信および顧客重視にも影響を与えることが私たちの統計分析で分かっています。

物事を前向き、すなわちポジティブにとらえることによって、さまざまな要因に良い影響を与えるというわけです。性格や資質を問題にせず、物事のとらえ方や見方を前向きにすることがポイントだといえます。昔から「ピンチはチャンス」とよくいいますが、これはピンチを前向きにとらえるためのフレームワークの一つです。あるいはこれもよくいわれる例ですが、砂漠で水が半分に減った水筒を見て、「もうこれしかない」（ネガティブ）ととらえるのか「まだこれだけある」（ポジティブ）ととらえるのかという違いでもあります。

こういったものの見方は学習と訓練で身につけられる面があります。ポジティブシンキング、エリスのＡＢＣＤＥ理論（論理情動行動療法）、ロジカルシンキングも大いに活用できます。

さらにチャレンジによる失敗を奨励するといった、メンバーもリーダーも前向きになれる方針を実行することが重要だといえます。ただし、チャレンジによる失敗が許されるのであって何でも失敗していいということではないので、ケアレスミスやチャレンジしないことによる失敗など、してはいけない失敗についても明確にしておくとよいです。

標語やキャッチフレーズ、あるいは社是なども効果があります。サントリーの「やってみなはれ」は良い例です。アポロ計画で有名になった「ムーンショット」（がんばれば手が届くストレッチ目標ではなく、一見無理だと思える目標を掲げることでブレークスルーやイノベーションを促進すること）も時と場合によっては取り入れてもよいかもしれません。

大きな抵抗があって当たり前と考え、さまざまな工夫をすることが大切です。チャレンジするチームを作ること自体がチャレンジなのかもしれません。

心理要因 ⑥仕事のやりがい～将来や成長が見えることが大切

仕事のやりがいは、担当している仕事の充実感や意義を感じている度合いです。これは特に最善行動、顧客貢献行動およびチーム運営向上行動に影響を与えます。やりがいを感じているからこそ、仕事で最善を尽くし、もっと顧客の役に立ちたい、チームを良くしたいと行動します。

やりがいを高めるのは非常に難しい課題です。いくらでも欲しいものがあった高度成長期には金銭的報酬だけで大きくやりがいを高められましたが、物質的には満ち足りている今となってはそれだけでやりがいを高めるのは困難です。

そこでリーダーや人事部に求められるのは、仕事そのものの面白さ、奥深さ、達成感、成長や貢献への実感が得られるようにすること、得られる機会を創出することです。

ある電機メーカーでは、就活生向けの工場案内を、長らく社歴の長い人事担当者が行っていました。しかしそれを、自分の仕事に情熱がもてなかったり、モチベーションの低い若手社員に担当させたところ、彼らが自社の魅力を再認識したり、自分の仕事に対するやりがいを感じたりすることにつながりました。

またやりがいを今だけのこととととらえていては不十分です。「この仕事を続けた先に何があるのか」という将来への視点も必要です。自分自身が成長できると実感できれば、今が苦しくても頑張ろうという気持ちになれます。

心理要因　⑦プロセス重視～ヒーローインタビューで作り上げる

プロセス重視は、仕事のプロセスをチームとして大切にしていると感じる度合いです。これは特にプロセス改善行動に影響を与えますが、チーム運営向上行動やメンバー支援行動、チーム力活用行動にも影響を与えます。チームが結果至上主義ではなく、プロセスを重視していると感じられれば自分の仕事の仕方を改善しようと思いますし、チームやメンバーのプロセスの向上にも主体的に取り組むようになるからです。

もちろん結果を出すことは決定的に重要です。売上目標があってそれを達成できないのであれば責任を問われて当然ですし、昇給や賞与、昇格等に影響することもあります。だからといってどんなやり方でもいいから結果を出せということであれば、チームパフォーマンスは向上しません。良い結果を出すには良いプロセスが必要だという観点を共有し、結果が良くても悪くてもプロセスを振り返り、徹底して改善しようとする姿勢が大切です。

どんな結果を出したか以上にどのようにやったかにこだわることが重要なのです。チャレンジするチームを作りたいのであれば、グロースマインドセットのメンバーの集団にしなければなりません。グロースマインドセットこそ主体的な行動の源泉なのです。

ただしプロセス作りが目的になってはいけません。プロセスはあくまで手段です。チームの目的を常に意識して、プロセスを作り込んでいかないと、プロセスのためのプロセスを一生懸命作るような本末転倒な事態になってしまいます。

プロセスを重視することは心理的安全性にも良い影響を与えます。プロセスを重視すればこそ、多くの人の意見を必要とし、求めるようになるからです。チーム全体がこうした風土になれば、メンバーのマインドセットもポジティブに変化していき、主体的な行動が発揮されていきます。

プロセス重視の会社でよく行われるイベントがヒーローインタビューです。大きな受注に成功した営業パーソンがいたなら、その人に受注するまでのプロセスを語ってもらうのです。聞く側は苦労したこと、困ったことに重点を置いてインタビューします。本人は良い結果を出したプロセスを自然に振り返る機会になります。さらにそのプロセスでの苦労や困難を好意的に受け止め、「プロセスにこだわることは重要」だという思いが強化されます。また、ヒーローインタビューを見ている側は、プロセスの重要性が理解できますし、元気ややる気ももらえます。そしてプロセスを大切にしようと思うようになるはずです。

ちなみに営業力が強いことで有名なある会社では、上手なヒーローインタビューができることがマネージャーの資格要件なのだそうです。

心理要因　⑧顧客重視～何をすべきかを明確に

顧客重視は、自分たちにとっての顧客は誰でどのようにその顧客に役立っていくのかを意識している度合いです。これは特に顧客貢献行動、最善行動、プロセス改善行動に影響を与えます。誰のために、何をすべきかがはっきりするからです。

顧客貢献に向けた取り組みを引き出すには「私たちの顧客は誰か、彼らにどのように役立とうとしているのか」を明確にし、メンバーと共有することが必要です。私たちの顧客は誰かと尋ねたときに、メンバーが同じ答えをするかどうかがポイントです。答えが食い違うようであれば、いわゆる「ベクトルが合っていない」という状態です。今すぐにでも共有のためのミーティングをするべきです。

顧客像を明確にイメージできることが大切です。コーヒー飲料の販売をしているチームならば「コーヒーを飲む人」よりも「コーヒーを飲むことで仕事の合間にリラックスしたい人」とするほうが、より鮮明な顧客像となります。顧客像を鮮明にすることで、自分たちが何をするべきかも明確になります。なお顧客は一種類とは限りません。鮮明にしていくと、また違う顧客像が出てくるものなのです。それぞれに何をなすべきか明確にしていくことが必要です。

営業や販売といったいわゆる直接部門は顧客がイメージしやすいのでまだやりやすいのですが、人事や経理などの間接部門は顧客を設定するのが難しいものです。従業員、経営陣、会社全体など内部の人間が自分たちの顧客になるのが一般的ですが、それがチーム内で統一されていないケースが多々あります。自分たちの顧客が社長なのか、社員なのか、その先のクライアントなのかが決まっていなければ、チームとしての力を発揮することはできません。まずは顧客の共通認識を図ることが大切です。

もう一つ大切なことは、顧客の役に立つことが本当に評価されるのかということです。顧客の要望と真剣に向き合った結果、会社が販売に力を入れている商品と違うものを提案したら怒られたとします。おそらくその人は今後顧客よりも会社の都合に合わせた提案をするようになるはずです。このようなことはありがちなうえ、怒られた当人にとっては、トラウマといっていいようなかなり強烈な体験になります。一貫性が大切なのはどんなことでも変わりませんが、特に顧客重視では大切です。

心理要因 ⑨チーム貢献への自信～相談することが大切

チーム貢献への自信とは、メンバーとしてチームに役立てると感じる自信の度合いです。これは特に発信行動に影響を与えます。貢献できるという自信がなければ、いくら心理的に安全でも発言しにくく、必要とされているという実感が湧かないからです。

チーム貢献への自信を高めるためには本人の力を高めるとか、経験によって自信を付けさせることが大事です。ただ、力はあるのに自信がないという人もいます。そこでもう一つ大事なことは「必要とされている」という実感をもたせることです。そのために効果的なのが相談するということです。意見や提案が必要というメッセージとともに、リーダーやほかのメンバーが相談を投げかけるということがポイントです。人は他者から相談されたり、アドバイスを求められたりすることによって、必要とされていると実感するものだからです。メンバー同士がよく相談し合っているチームは高いパフォーマンスを発揮しているものです。

特に影響を与え合っている心理要因と主体的行動の関係

例えば、慣れやマンネリなどが原因で活気がないチームであれば、最善行動に課題があると考えられます。目標共有・仕事のやりがい・顧客重視の3つの心理要因の改善に重点的に取り組むべきです。

またチームの連携がしっかりしていない場合には、メンバー支援行動に課題があると考えられるため、心理的安全性・目標共有・チャレンジ精神・プロセス重視の各要因の改善に重点的に取り組みます。

図表2 特に影響を与え合っている心理要因と主体的行動の関係

	自己向上分野				チーム向上分野			
	顧客貢献	最善	プロセス改善	クリエイティブ	チーム力活用	チーム運営向上	メンバー支援	発信
心理的安全性						○	○	
チームへの愛着					○			
目標共有		○					○	
メンバー信頼			○					
チャレンジ精神				○	○	○	○	○
仕事のやりがい	○	○				○		
プロセス重視			○		○	○	○	
顧客重視	○	○	○					
チーム貢献への自信								○

心理要因同士にも影響関係がある

心理要因は主体的行動に影響を与えているだけではなく、心理要因同士にも影響関係があることが検証できています。

図表3の一番左の列に並んでいるのが影響を与える側の心理要因で、一番上の行に並んでいるのが影響を受ける側の心理要因です。例えば仕事のやりがいが影響を与える心理要因はチームへの愛着・目標共有・チャレンジ精神・顧客重視であることが分かります。

逆に仕事のやりがいに影響を与える心

図表3　心理要因同士の影響関係

	心理的安全性	チームへの愛着	目標共有	メンバー信頼	チャレンジ精神	仕事のやりがい	プロセス重視	顧客重視	チーム貢献への自信
心理的安全性		○	○	○	○	○	○		○
チームへの愛着	○		○	○	○	○	○		○
目標共有	○	○				○	○	○	
メンバー信頼	○	○				○	○	○	
チャレンジ精神	○					○		○	○
仕事のやりがい		○	○		○			○	
プロセス重視	○	○	○	○				○	
顧客重視			○	○	○	○	○		○
チーム貢献への自信	○	○			○			○	

共分散構造分析による標準化係数　P値0.01未満を抽出

理要因は心理的安全性・チームへの愛着・目標共有・メンバー信頼・チャレンジ精神・顧客重視となります。したがって仕事のやりがいを高めたいと思ったら、この6つで弱いところがないか探して強化に取り組むと両方が強化される可能性があるということになります。

また、それぞれの心理要因は双方向、もしくは片方向に影響します。例えば心理的安全性とチームへの愛着は互いに影響し合います。一方でチームへの愛着はチャレンジ精神に影響しますが、チャレンジ精神はチームへの愛着には影響しません。また心理的安全性は仕事のやりがいに影響しますが、仕事のやりがいは心理的安全性に影響しません。ただしほとんどが双方向的で片方向的な影響はあまり多くありません。したがって心的要因の多くは相互に影響し合っていて、どれもが重要な項目といえます。

科学的な見地で因果関係を追究

心理要因としてこの9つに絞り込んだ方法は、8つの主体的行動を選んだ方法と同じです。まず先行研究から心理要因となり得る項目を洗い出しました。

その選ばれたいくつもの心理要因と、8つの主体的行動との間に因果関係があるのかどうか、統計的に検証しました（なお、主体的行動と心理要因の各概念は3質問で構成されており、信頼性妥当性分析〔確証的因子分析〕によるクロンバックのα係数は各概念でほぼ0・8以上〔一部0・7台〕）。

検証に当たっては、多変量解析の一つである共分散構造分析という統計手法を用いました。これはごく簡単に説明すると「目的変数と説明変数の因果関係の仮説を検証する統計手法」といえます。本書でいえば、９つの心理要因が説明変数であり、８つの主体的行動が目的変数となります。

共分散構造分析は複雑なモデルの検証が可能な統計手法で、本書でいえば「主体的行動は心理要因の変化に影響を受けている」という仮説が確からしいと推定できるかどうかを検証することができます。例えば本書でいえば、９つの心理要因が主体的行動に与える影響力を算出し、その影響力が偶然でないかを検証することができます。ただし実際にはもっと複雑な仮説も成り立ちます。例えば「メンバー信頼（心理要因）」→「心理的安全性（心理要因）」→「発信行動（行動要因）」ということもあるかもしれません。このように考えられる仮説は無数にあるのですが、私たちは心理要因の変化が主体的行動に影響を与えるというさまざまな仮説を立て、その仮説が成立すると信頼できるかどうかを統計的に検証していったわけです。

この仮説が成立しているかどうかは、ＧＦＩ、ＡＧＦＩ、ＣＦＩ、ＴＬＩ、ＲＭＳＥＡ、カイ二乗値などが主に判断材料になりますが、こうしたデータを基に心理要因の変化が行動要因の変化に影響を与えているという仮説モデルを複数検証していき、現在の心理要因９項目、行動要因８項目に絞り込んでいきました。この過程では行動要因に影響を与えているとは統計的に説明することができず、残念ながら心理要因から外したものもあります。例えば「役割意識」や「ビジョン共有」などがありました。もちろん心理要因から外した項目も、私たちが定義した8つの主体的行動に影響を与えているとは統計的に説明できないというだけであって、ほかのさまざまなことに影響を与えている可能性があり、必要がないとか、意味がないというわけではありません。あくまで私たちは統計的に検証できたものだけを採用しているということです。

ここで知っておいていただきたいことはよく行われる相関関係の検証ではなく、共分散構造分析という因果関係仮説を検証する手法を用いているということです。例えばAとBに相関関係があったとしても、AとBに何らかの影響があるとは限りません。もしかしたらたまたま同じような動きをしているだけかもしれません。実は隠れた要素CがあってCがAにもBにも影響を与えているのかもしれません。この場合はAとBには因果関係はないことになります。

共分散構造分析は、「目的変数と説明変数の因果関係の仮説を検証する統計手法」だと説明しました。私たちは根拠に基づいたマネジメントを実現したいという強い思いから、因果関係仮説の検証にこだわったのです。

なぜ科学的エビデンスにこだわるのか？

８つの主体的行動と９つの心理要因に明らかな相関関係があったとしても、因果関係があるのかないのか、あるとしてどちらの向きなのかが分からないとあまり意味がありません。なんとなく心理要因が主体的行動に影響を与えることは想像できますが、本当は主体的行動が心理要因に影響を与えているかもしれないのです。心理要因をいくら改善しても行動には結びつかないことになります。逆に主体的行動を起こすようにすれば、心理要因が改善されることになります。

あるいは主体的行動と心理要因の間に別の要素Xがあって、Xが主体的行動にも心理要因にも影響を与えている可能性もあります。例えばリーダーのカリスマ性という要素はその候補になるかもしれません。仮にそうだとしたら、主体的行動が起こるのも、心理要因が改善されるのもリーダーのカリスマ性次第ということになります。

このあたりに迷いがあるとマネジメントにも迷いが生じることになりかねません。心理要因が原因（説明変数）で主体的行動が結果（目的変数）だとデータをエビデンスとして科学的に証明しているからこそ、心理要因を改善するために迷いなく取り組めるのです。

私たちはマネジメントにおいて科学的エビデンスがあることにこだわっています。これは、医療チームのマネジメントに取り組んできた経験も強く影響しています。日々人の生命と対峙している彼らに行動を促すためには、科学的な根拠と理論が求められます。逆に正しいデータ分析に基づく結論に対しては納得し取り入れてくれます。

一般の企業でもマネジメントに関してはこだわりのある経営者や役職者が多いといえます。ただし科学的エビデンスよりも自分たちが今までやってきたやり方を信じる傾向があります。それで育ってきたわけですし、今までうまくいっていたことを変えるのはリスクを感じるからです。それを変えてもらうためにはやはりエビデンスが必要なのです。

コンサルティングをしている私たち自身に迷いがあってもいけません。本当は別の要因があるのではと私たちが思っているようであれば、マネジメントのコンサルティングなどできません。このような迷いは必ず見透かされてしまい、クライアントからの信頼を失うことになります。そこで私たち自身が納得のいくまで議論し、自分たちのスキルだけでは分析できない部分については大学の研究室にも協力してもらい、「これを実践することで成果が上がる確率が高いです」と胸を張って言いきれる方法論を構築したのです。

ベストプラクティスを求め過ぎるのは危険

「数値化などと堅苦しいことをいわず、このやり方で効果があるという方法を見様見真似で取り入れていけばいいのではないか?」という疑問の声もよく聞きます。

こういった既存の成功事例にならうことは、ベストプラクティス(最善慣行)と呼ばれています。大成功している組織のやり方が最善であり、それを真似するのが最も効率よい改善方法だという発想です。

しかし「1 on 1ミーティングがいいらしいぞ。なんでも週に30分ずつ部下と面談するのだそうだ。8人いるから4時間か……。大変だけど、それでグーグルのようになれるんだったら、やってみる価値はあるかもしれないな」といった気持ちで始めるのであればやめておいたほうがよいと思います。

そもそもベストプラクティスは世の中には「正解」があるという考え方に基づいています。しかし今は先の読めない時代です。正解などないほうが普通なのです。

正解を求める人は部下にも正解を与えたいはずです。そんな人が1 on 1ミーティングをやれば、コーチングというよりはアドバイスを与える場になってしまう可能性があります。しかし正解のない現代においてアドバイスは諸刃の剣です。的外れなアドバイスをすればするほど上司のだめさ加減が部下に伝わることもあり得ます。一方で、間違ったアドバイスでも与え続けられると、部下は思考停止に陥りすぐに正解を求めるようになりかねません。

グーグル社が１on１ミーティングという人材マネジメントで成功している、ということを知るのは問題ありません。詳しくやり方を調べるのももちろん良いことです。勉強熱心な人を非難する理由はありません。ただそれをそのまま真似するのはあまり良いことではないのです。会社の規模も歴史も年齢構成も男女比もグーグル社とは違うはずです。チームの目的や目標、存在意義もグーグル社とは違います。まったく同じ方法が通じるわけがないのです。「うちはどうやればいいのだろうか？」こう自身に問いかけることが大切であり、それをチーム全員で話し合うべきなのです。

何（What）をやるかではなく、自分たちのチームでどう（How）やるかを考えることが決定的に重要です。

最近よくＴＴＰ（徹底的にパクる）という言葉を聞きますが、人真似をして成功するのであれば誰も苦悩はしないのです。ですから「これをやれば必ず成功する」といった類いの書籍やセミナーは警戒すべきです。そういわないと本が売れなかったり、集客ができなかったりといった諸事情があるのは分かります。ただ正直な人は「私が説明する内容はあくまで理論です。実践に際しては、あなたの状況に応じたやり方があります」と言うはずです。

すべてを解決する「銀の弾」はない

ベストプラクティスやＴＴＰに対しては、革命的なイノベーションは生まれないという批判があります。よく例に出されるのはメキシコオリンピックでの背面跳びの登場です。ディック・フォスベリーが編み出した走り高跳びのまったく新しい飛び方ですが、フォスベリーが当時のベストプラクティスであったベリーロールにこだわっていたら生まれていたか疑問です。同様のことが自動車やパソコン、スマートフォンなどにもいえます。方法や製品だけではありません。最近生まれたビジネスモデルの多く、例えばウーバーやエアビーアンドビーなどはベストプラクティスからは生まれなかったはずです。

もちろん他人や他者から学ぶことは必要です。何でもゼロから自分で生み出せるわけではありません。スマートフォンは画期的な製品でしたが、その要素は携帯電話、デジタルカメラ、ポータブル音楽プレイヤー、Webブラウザといったそれ以前から存在していたものばかりです。それらを1台の持ち運び可能なデバイスに搭載したこととタッチパネルという新しい入力方式を全面的に採用したことで爆発的に普及し、今ではそれなしの生活が考えにくいものになりました。

スマートフォンから学ぶとしたら、どうしてそのような発想が生まれたのかや製造ラインに載せるまでにどういう課題があって、どうやって解決したのかといった部分です。スマートフォンをいくら分解しても、新しいスマートフォンが作れるわけではありません。物真似をしていても、オリジナルを創った人や会社には勝てないのです。

よく「銀の弾はない」といわれますが、これさえあれば複雑な課題がすべて解決するという処方箋など世の中に存在しません。ベストプラクティスを自社にどう適用するかというモデルケースとして扱うのであればまだしも、それをＴＴＰしても何も解決しません。

そこで行うべきは原点に戻ることです。マネジメントを改善するには、昔からＰＤＣＡ

（Plan＝計画、Do＝実行、Check＝測定・評価、Action＝対策・改善）サイクルを回すことだといわれてきました。移り変わりの激しい現代では、そもそも計画を立てることが難しいので、状況把握を最初にやろうというＯＯＤＡループという手法が注目されています。

ＯＯＤＡとはObserve（観察）、Orient（状況判断）、Decide（意思決定）、Act（行動）の頭文字を取った言葉です。ＰＤＣＡが中期経営計画、年度計画、四半期計画といった比較的長期的なスパンでの計画を実現するための手法であるのに対して、ＯＯＤＡは刻一刻と変化するビジネス環境に対応するための手法です。まさに今の時代に合った課題解決手法といえます。

またＯＯＤＡでは環境変化で生じる新しい課題、つまり答えのない問題に即応することが求められるため、自ら考え行動する個人を増やすのに効果的だといわれています。これこそ自律型チームを構築するのにまさに打ってつけの手法です。

このＯＯＤＡの実行についてはまずはチームの現状を確認（観察）することから始まります。私たちのモデルに当てはめると８つの主体的行動がどれくらい実践されているかを知ることがこれに当たります。続いてチームの問題を分析（状況判断）します。これは９つの心理要因の現状把握となります。その後、９つの心理要因の改善案を話し合い、チームの方針を決定（意思決定）します。方針が決まればそのとおりに動きます（行動）。そしてまた1カ月後なら1カ月後にチームの現状を確認し同じループを回していきます。

OODAでもPDCAでも、現状の把握および分析には数値データが欠かせません。きちんと数値データに基づいた議論をすることで、効果的な改善ができます。そもそも数値データがなければ前回から改善されたのかどうかを評価するのも難しいのです。

自分たちの目で観察し自分たちの頭で考え、自分たちで意思決定し、そして自分たちのやり方で行動することが、本当の意味での「ベストプラクティス」なのです。

考え続けることがすばらしい

ある企業で心理的安全性のスコアが低いチームがありました。そこでリーダーは、「各自が率直な意見を言い合えるチームを目指す」と宣言しました。心理的安全性を大切にすることをリーダーが表明したわけです。ところがこれだけでは心理的安全性のスコアは上がりませんでした。

そこで「人の発言には途中で口を挟まない」「意見と人格を分け、人格を攻撃しない」などのルールを作り、ミーティングの前に読み上げることにしました。それでもなかなか効果が出ません。

ここでリーダーはメンバーに対して指示を与えたことに気がつき、全メンバーを集めて、どうすれば高まるのか、どんなルールがより良いのかを話し合いました。その後少しずつですが、スコアが上昇するようになりました。

彼らがどういう取り組みをしようとしたかよりも、まずリーダーが考え続けたことが評価できます。それ以上に最終的にはメンバーと一緒になって考え続けるようになったことがすばらしいのです。

妙案でなくてもいい

みんなで考えるといっても必ずしも妙案を出す必要はありません。

あるコールセンターでは顧客からのクレームが多く、係員の士気が低い状態になっていました。

法人客ばかりのBtoB企業で顧客からのクレームをコールセンターが処理していることは営業部門の助けになっていましたが、営業からの感謝の言葉は特にありませんでした。

そこでコールセンターのチーム全員で話し合い、営業部門に対して「もし我々のおかげで助かっているのなら、分かりやすく率直に『助かっている』と言ってほしい」と申し入れしました。営業部門は実際に助かっていたので折にふれて感謝の声掛けをするようになり、その後コールセンターのやりがいのスコアが飛躍的に上昇したのでした。

妙案でもなんでもない極めて分かりやすい要求ですが、これでよいのです。

ポイントはリーダーが思いついて営業部門に申し入れたのではないというところです。チームで話し合って、どうすればやる気が出るかを話し合った末の申し入れだから効果があったのです。

協力や助けを求めることを恐れない

リーダーがするべきことは、自ら先頭に立って改革を断行することではありません。メンバー全員がチームを良くしたいと考えるチームを作ることなのです。チームの状態や業績が良くないとき、誰かの責任ではなく、自分たちの責任ととらえるようにしていくことがチームパフォーマンス向上における最も重要な点です。

では、メンバー全員がチームを良くしたいと考えるチームを作るにはどうすればいいのか、それこそをチーム全体で考えればよいのです。

そんなことをチームメンバーに言ったら、「それはリーダーの仕事では？」と言われると心配になったかもしれません。そう言われたら「成果を出すのは確かに私の責任だ。そのためにはみんなの意見や提案が必要なんだ」と言えばいいのです。当然、リーダーとして自分自身の考えをもちそれを表明することは絶対に必要です。しかし、それが正解でなければならないわけではありません。協力を求めることを恐れてはいけません。自分一人の力の限界を認識し協力を求める人は、むしろ正直だと信頼されるはずです。

あなたがリーダーだとしたら、できもしないのに助けを求めてこないメンバーを信頼できないと思います。「あいつは一人で抱え込む傾向があるから、重要な仕事は任せられないな」という結論に至ります。逆も同じです。できもしないのに虚勢を張っているリーダーは信頼できないのです。あげくのはてに無意味な指示が出されたら、メンバーはたまりません。

信頼できないリーダーというのは勉強不足で専門能力が欠けていたり、手柄は自分のものので失敗はメンバーのせいにしたり、客先でお客と一緒にメンバーを責めたりしている者たちです。また、自分の力のなさをかくすことに躍起になる人間です。一方で困難な課題に逃げずに取り組んで、成果を出すために悪戦苦闘している人は信頼できるリーダーです。だからもっとメンバーを頼ってみてください。それがチームマネジメントの肝です。

第三者の介入が効果的

リーダーがメンバーをよく知っていてある程度人間関係のできているチームであれば、

メンバーに対して頼るのも抵抗が少ないと思います。しかしメンバーが分裂、反目し合っていたり不信感を抱いているようなチームであれば、協力を仰ぐことは難しく利害関係の対立から互いに相手のせいにすることがよくあります。「相手が変わるなら自分も変わってやってもいい」などと言う人も少なくありません。

こういうときは第三者に入ってもらうのが効果的です。例えば人事部が仲介に入ったり、コンサルティング会社などに研修を依頼してメンバーの意識を変えたりするのもいいと思います。「誰かのせいにする前に、まず自分は何をするのかを考えましょう」「自分が変わらないといけないところは何でしょうか？」「そういうときにあなたならどうするのですか？」といった問いかけについて考えるような研修が有効です。

ただ第三者に頼るだけではチームは変わりません。同時にリーダーが腹をくくって「自分も変わる」と宣言します。例えばチャレンジ精神が足りないチームならどうしてもネガティブな発言が多くなる傾向がありますが、まずはリーダー自らがポジティブな発言をすることで改善の足掛かりになります。

リーダーの役目とは何か

課題の解決をチーム全員の話し合いに委ねるのであれば、欲しいのはファシリテーター（中立的進行役）であってリーダーではないという意見もあります。あるいはリーダーはファシリテーターをしていればいいと受け取った方もいるかもしれません。

しかしリーダーの役目はチームの目的・意義を最終決定し、チームの方向性を決めて、そちらに導くようにし、話し合いで決定できないことについては自分の責任で意思決定することです。

ファシリテーターとはこの点が明確に違います。

ですから、進行そのものは若手に任せてもよいのです。そのほうがむしろ一人ひとりの参加意識を高める効果があると思われます。

またチームの方向性を決めるという点では、リーダーには目的を見出す力とあらゆる取り組みに意義付けする力が決定的に必要です。この力を養う必要があります。普段の何気ない取り組みや行動を見過ごさず、「何のためなのか」と考え続けることで目的を見出す力が磨かれていきます。

そして設定した目的や意義に沿った一貫した態度を示す必要があります。

やり方は変わっても目的・意義が変わってはいけません。判断基準が変わることになり、チームは混乱します。チームが目的・意義を見失わないようにすることが、自律的チームの基盤となる、リーダーの重要な機能です。

それから今すぐ対応しないといけない緊急事態もリーダーの出番です。例えば顧客が激怒しているトラブル案件で、メンバーの主体性がどうとか悠長に構えていてはいけません。上司がすぐに決断して行動を指示すべきです。トラブルが一旦収束して、原因究明や恒常対策を練るタイミングになったら、チームで考えるという平常時のスタイルに戻せばいいのです。

第5章

８つの行動特性と９つの心理要因を数値化することで、チームパフォーマンスを客観的に評価する

図表4 チームマネジメントの実践サイクル

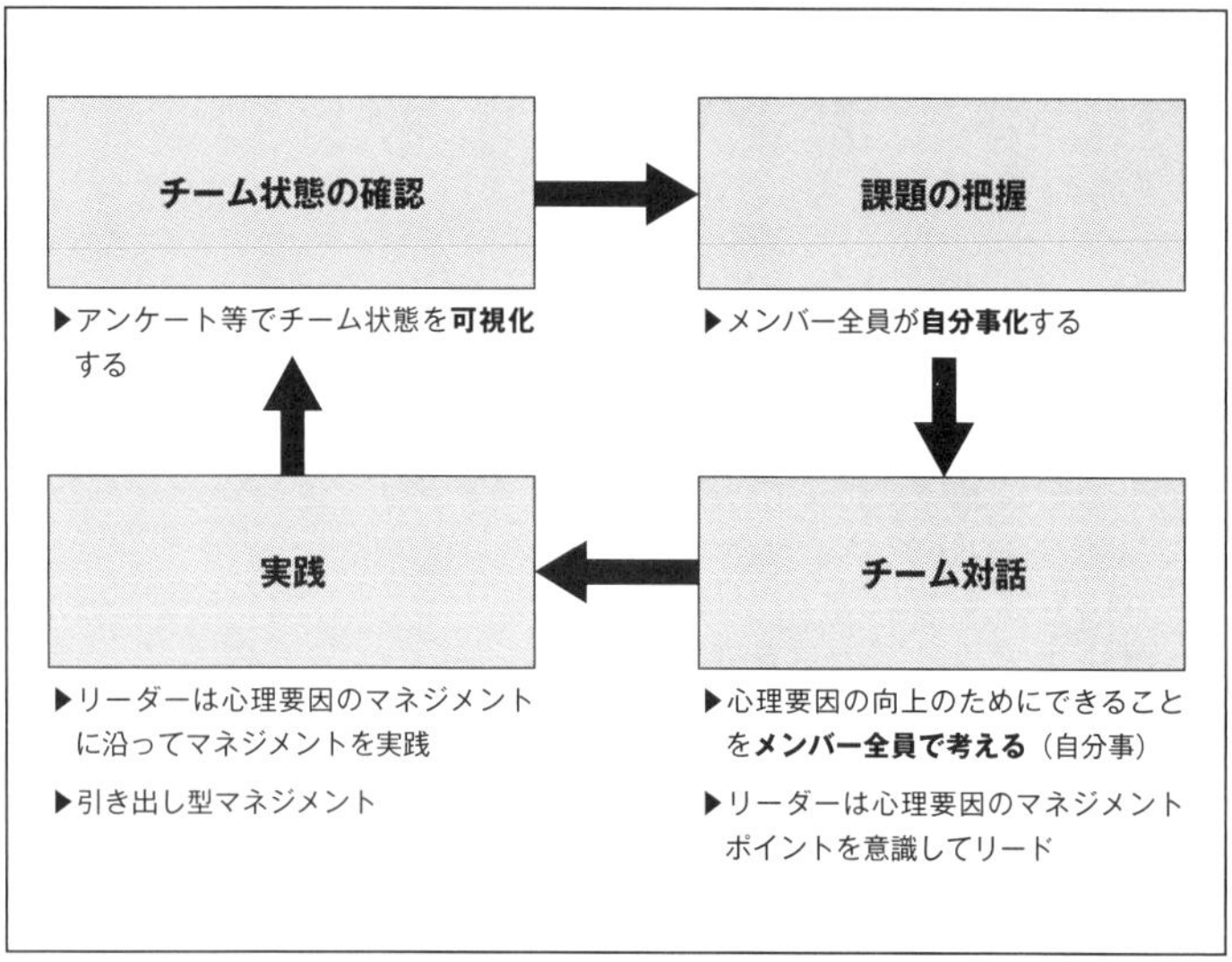
チーム状態の確認
▶アンケート等でチーム状態を**可視化**する
課題の把握
▶メンバー全員が**自分事化**する
チーム対話
▶心理要因の向上のためにできることを**メンバー全員で考える**（自分事）
▶リーダーは心理要因のマネジメントポイントを意識してリード
実践
▶リーダーは心理要因のマネジメントに沿ってマネジメントを実践
▶引き出し型マネジメント

チームマネジメントの実践サイクルとは？

チームマネジメントを実践していくうえで最初に行うことは、チームの状態を確認することです。アンケート調査等で8つの主体的行動と9つの心理要因の状態を可視化します。メンバーの印象に基づいた定性的な評価を共有するところから始めてもいいかもしれません。まずはチームの状態がどうなのかについて共通認識をもつことです。

次にチームパフォーマンスにおける課題を把握します。心理要因が原因で主体的行動が結果ですから、各要因がどの程度できていてできていないかを数値化していれば現状を把握できます。スコアの低い心理要因をどうにかして改善することが課題だと分かるのです。数値化できていなくても、メンバー全員で話し合って、どの心理要因が課題かの共通認識をもってください。ツールを使おうが使うまいが共通認識をもち、他人事ではなく自分事ととらえることが大切です。

課題の共通認識ができたら、次は課題となっている心理要因を改善するためにどうしたらいいかをメンバー全員で考えます。くれぐれもリーダー一人で考えてはいけません。メンバー全員で考えて、その結論を改善案として採用してください。どうしても一つに決まらない場合は全部やってみてもいいですし、リーダーがどれか一つに絞っても構いません。ここでリーダー、またはファシリテーターに任命された人は各心理要因のマネジメントのポイントを意識して対話を進めます。

次はそれを実践するのみです。うまく進まない場合も、もうお分かりと思いますが、リーダーが指示・命令して方向修正してはいけません。メンバーから改善案を引き出してください。根気よく引き出し型のマネジメントを続けることが自律型のチームを作る最大のポイントです。

実践を一定期間続けたら最初に戻ってチーム状態の確認をします。月1回といったスパンで定期的にするとより効果的だと思います。ちなみに私たちが推奨しているのは1カ月ないし2カ月に1回のアンケート調査による確認です。3カ月だと少し開き過ぎという実感です。

2回目以降は前回との比較をします。数値化しているのであれば8つの主体的行動のスコアが向上しているかどうかをまず見ます。このスコアが向上していれば、チームパフォーマンスも向上していると評価できます。続けて9つの心理要因のスコア、特に課題となっていた心理要因について詳しく見ていきます。数値化していない場合はメンバー全員で8つの主体的行動と9つの心理要因の定性評価をします。

この繰り返しがチームパフォーマンスの向上を目的としたチームマネジメントの実践サイクルになります。最初の頃は定性評価でもよいかもしれませんが、数値がないと本当に向上しているか疑心暗鬼になりがちなためそのうち行き詰まる可能性が高くなります。

初期段階では「問いかける」ことが重要

チームマネジメントの実践サイクルに取り組む際に最初にやるべきことがあります。それは8つの主体的行動と9つの心理要因について説明したあと「みんなでこの行動をしよう。そのためにみんなで心理要因を改善していこう」と呼びかけることです。そして、「顧客への貢献」や「仕事の進め方をよりよくする行動」「メンバー間での助け合い」といった8つの主体的行動について、普段からその重要性を説いていきます。

実際に取り組むべきテーマは9つの心理要因になりますが、分析的になり過ぎないことが重要です。なぜ高いのか、なぜ低いのかということについて話を進めていくのは危険です。これは結果的に「犯人探し」につながってしまうことになり、チームマネジメントにおいて絶対に陥ってはいけない状態になるからです。チームパフォーマンス向上の取り組みは、誰もが「自分にもすべきことがある」と感じることが大事であり、犯人探しが始まると誰もが「自分以外の誰かが悪い」という真逆の思考になってしまうのです。

メンバーが「自分にもすべきことがある」ととらえるようにするには「どう感じている

か」を共有することと、「あなたができることは何？」と問うことが重要です。

そこで心理要因の状態についてどう感じているかをみんなでシェアします。どう感じているかなので正解も不正解もありません。すべて受け入れます。「うちのチームはもっと顧客意識が高いように感じるけどな」「私は正直なところチームに貢献する自信がそんなにないのですが、皆さんは結構自信があるようでちょっとびっくりしました」「思っていた以上にチームに対する愛着が強くて、うれしいです」といったように、それぞれが「どう感じているか」を率直に共有し、それに対して否定せずに「そういう感じ方もあるね」とほかのメンバーが受容していくことで、チーム状態の「自分事化」が進んでいきます。

どう感じているかがシェアできたら次に進みます。

特に改善したい心理要因をピックアップしてその心理要因を高めるために「あなたは何ができるか」と問うのです。このピックアップはメンバーで相談してもいいですし、リーダーが決めても構いません。

例えばメンバー信頼を高めたければ「ほかのメンバーからの信頼を高めるために、あなたができることはどんなことがありますか？」と問います。心理的安全性を高めたいなら「ほかの人が安心して発言できるようにするために、あなたができることは何ですか？」

と尋ねます。チーム貢献への自信を高めたければ「チームに貢献する自信を高めるために、あなたができることは何ですか？」、あるいは「ほかのメンバーがチーム貢献への自信を高めるために、あなたはどんなことができますか？」と問います。

もちろんこれらの問いはリーダー自身にも向けられます。例えば「今までミーティング中、ふんぞり返って話を聞いてしまっていたのだけど、みんなが話しやすいようにきちんと聞く姿勢を整えようと思う」というように、リーダー自身が最初に問いに答えていくことも効果的です。これによってほかのメンバーが答えやすくなります。

問いのポイントは「あなたができることは？」と、主語を「あなた」にすることです。効果的な問いがチームパフォーマンス向上に取り組むのはリーダーだけでなく、自分たち一人ひとりの役割なのだという意識と実際の行動を高めていくのです。

こういった会話ができる雰囲気作り、環境作り、そして改善を指示するのではなく効果的な「問い」を発することはまさにリーダーの仕事です。それができてくると、チームパフォーマンス向上の取り組みが習慣化されていきます。しかし、せっかく取り組み始めてもチーム状態が可視化できていなければ継続は難しいものです。そこで重要になるのがチームパフォーマンスを数値的に測定するということです。

図表5 ８つの主体的行動

４：している　３：少しはしている　２：あまりしていない　１：ほとんどしていない

自己向上行動	顧客貢献行動	自分の都合を優先せず、顧客の要望や満足を実現するために、できることは手を尽くしている。
	最善行動	自分の仕事は妥協せずに全力を尽くしている。
	プロセス改善行動	仕事の効率や効果を上げる意識をもって仕事に取り組んでいる。
	クリエイティブ行動	アイデアや新たな情報等を他のメンバーによく発信している。
チーム向上行動	チーム力活用行動	よく他のメンバーからアドバイスを求めたり、相談したりしている。
	チーム運営向上行動	チームとしての活動がより良くなるために進んで意見や提案をしている。
	メンバー支援行動	自分のノウハウや知識等を進んで他のメンバーに提供している。
	発信行動	「何かおかしい」とか「問題があるのではないか」と思ったら、率直に他のメンバーに伝えている。

チームパフォーマンスの測定方法

チームパフォーマンスが「チームが実現すべき成果に影響を与えるメンバーの主体的行動の総和」だとすれば、主体的行動とは何かを決定し、その一つひとつを測定して合算すればチームパフォーマンスを測定できることになります。

主体的行動は「行動」ですから表に現れます。したがってこの8つの観点で、普段からメンバーの様子を観察していれば、チームパフォーマンスの状況をある程度把握することはできます。

図表6　9つの心理要因

4：そう思う　3：少しそう思う　2：あまりそう思わない　1：ほとんどそう思わない

心理的安全性	私のチームには、自分の考えや気持ちを偽りなく伝えられる雰囲気がある。
チームへの愛着	このチームのメンバーの一員であることが嬉しい。
目標共有	チームの目標を把握し、納得している。
メンバー信頼	私が仕事で問題を抱えたら、他のメンバーは親身に支援してくれると思う。
チャレンジ精神	仕事において、たとえ困難な状況でも、なんとかできると思える。
仕事のやりがい	自分の仕事は、意義のある仕事だと思う。
プロセス重視	私たちのチームでは、仕事の結果だけでなく、プロセスも大事にしている。
顧客重視	顧客に対してどのような役立ちを提供するかを理解できている。
チーム貢献への自信	チームの活動をより良くするために貢献できる自信がある。

しかしより定量的に評価するのであれば、アンケート調査が必要となります。例えば「自分の仕事にほかのメンバーの強みやノウハウを活かしていますか」といった質問を作成すれば、簡単な測定が可能です。参考までに、簡易的に主体的行動や心理要因の状態をスコアリングできる質問票を掲載します（図表5・6）。選択肢は4つです。8つの主体的行動については、「している」が4点、「少ししている」が3点、「あまりしていない」が2点、「ほとんどしていない」が1点、9つの心理要因は「そう思う」が4点、「少しそう思う」が3点、「あまりそう思わない」が2点、「ほとんどそう思わな

い」が1点で計算します。項目ごとにメンバーの平均点を計算すれば、簡易的にチーム状態を把握できます。

私たちは8つの主体的行動および9つの心理要因のそれぞれについて3つずつの質問をし、その回答を基にそれぞれをスコアリングするパフォーマンス向上ツールを開発しました。質問はランダムに並んでいるので、回答者はどの質問がどの行動や心理要因に関する質問か分かりません。

質問内容は例えば「チームで業務改善に取り組むときには、貢献できる自信がある」といったもので、それぞれについて「まったくそう思わない」から「とてもそう思う」までの6つのなかから選択して回答します。早い人で5分、遅い人でも10分もあれば終了するアンケートで、結果はすぐにスコアリングされます。スコアは、リーダーが知るだけではなく、チーム全員同時にメールで送信されて共有されるようになっています。リーダーを含めて全員同時に結果が届くことでリーダーのための結果ではなく、自分たちの結果になります。

スコアだけでなくバラツキも考慮しています。同じスコアであってもチーム内でのバラツキが大きければ、その項目についてチーム内で温度差があると考えられるからです。そうであればスコアが高くてもチームパフォーマンスが高いとは言いきれません。

まずはメンバーへのアンケートからスタート

私たちのツールでは、メンバーがWebでアンケートに回答すると、入力されたデータがすぐに計算されます。さらにメンバー全員の入力が終了したら集計されて、分析されます。

分析結果はチーム状態、９つの心理要因の状態、８つの主体的行動の発揮度合いとしてまとめられます。またこの３つを基にチームパフォーマンス向上のためのヒントが作成されます。

機能のポイントは５つです。

①アンケート実施

②アンケート結果の計算（スコアリング）
③メンバー全員のスコアの集計とチームパフォーマンス考察（チーム状態、９つの心理要因の状態、８つの主体的行動の発揮度合い）
④チームパフォーマンス向上のためのヒントの提示
⑤分析結果の配布

これはツールがなくとも行うことができます。まず①ですが、これは前項の質問票を活用します。何に関する質問かは隠して、ランダムに並べて直したものを用意します。紙で配付しても構いませんが、集計の手間を考えると表計算ソフトのシートにして配付し、回収します。各要素に対する質問は一つずつしかありませんし、続けているうちにどれに関する質問かなんとなく分かるようになりますが、それでもある程度正しくチームパフォーマンスの状態が分かるはずです。

②と③の集計は、表計算ソフトを使えば簡単です。③はメンバー全員のスコアシートを一つのブックに入れて、串刺しに集計すれば合計点を出せます。また関数を使用すればバラツキ（分散）を求めることもできます。したがってチーム状態のスコアとバラツキ具合

を見るところまでは大きな手間はかかりません。そしてツールとは順番が変わりますが、⑤分析結果の配布はメール等で済ませておきます。事前にスコア等を見ておいてからミーティングに臨めば話し合いもはかどるからです。

問題はチームパフォーマンス向上のために何に取り組むか、そのポイントは何かです。9つの心理要因のスコアを見ながら特に改善に取り組むべき項目を絞りこんでいきます。④のツールからのヒントはないので、ターゲットとする心理要因について「自分は何ができるか」をベースにチーム全体で話し合い、何に取り組むかを決めていきます。

メンバーにファシリテーターを任せるコツ

チームメンバーにファシリテーターを務めてもらうということに興味を持った方もいると思います。実際、毎回リーダーがファシリテーターを務めるより会議が活性化しますし、心理的安全性、チームへの愛着、メンバー信頼、チーム貢献への自信といったいくつかの心理要因の向上につながる可能性もあります。リーダーが不在でもチーム会議が開催できるので自律的なチーム作りにも役立ちます。実際に私たちの会社のある部署でも、ファシリテーターの持ち回りをしたおかげで、自律的なメンバーが増えたという経験があります。とはいえ、実際にファシリテーションをしろといわれても途方に暮れるメンバーが出てきます。そのような人のために、例えばルールを決めておくのも一つの方法です。

・会議の時間を○○分とする
・会議に参加する前に必ず情報共有ツールからのメッセージに目を通し、自分の意見をまとめておく
・一人の発言時間は○分○○秒以内とする

こうしたルールを決めておけばそうそう会議が紛糾することもありません。

ただこういうルールにもそのチームに最適なものがあるはずです。したがってルール作りもメンバー全員で何が最適かを考えながら行うべきです。

図表７　チームパフォーマンスの13の状態

1	自己向上への情熱・チーム向上への情熱ともに抜群に高い、最強の状態。		8	悪くはない状態。自己向上への行動重視だが、メンバーによって差も大きい。	
2	自己向上への情熱・チーム向上への情熱ともに高い、イケイケの状態。		9	悪くはない状態。総じて自己向上への行動重視。	
3	メンバーが総じて前向きなイケてる状態。		10	悪くはない状態。チーム向上への行動重視だが、メンバーによって差も大きい。	
4	メンバーが総じて前向きなイケてる状態。自己向上への行動が強いが、メンバーによって差が大きい。		11	悪くはない状態。総じてチーム向上への行動重視。	
5	メンバーが総じて前向きなイケてる状態。自己向上への行動が強い。		12	チーム全体としてちょっとくすぶっている状態。	
6	メンバーが総じて前向きなイケてる状態。チーム向上への行動が強いが、メンバーによって差が大きい。		13	チームとしてぐったり、停滞気味の状態。	
7	メンバーが総じて前向きなイケてる状態。チーム向上への行動が強い。				

チームパフォーマンスの状態は13種類

スコア化することによってチーム状態を可視化することができるようになります。

チーム状態を大きく3段階で評価すると、最も良いのがメンバーが主体的に行動している状態です。その次が強制されてはいるがそれでも取り組んでいる状態で、最悪なのが強制されても誰も取り組まない状態です。最悪になると修復はかなり難しく、そうなる前に主体的に行動するチームに変えていかなければなりま

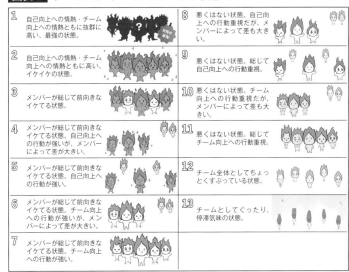

せん。

私たちはチームパフォーマンスの状態をスコアだけでなく、メンバー間の点数のバラツキおよび自己向上行動とチーム向上行動のどちらが強いかも考慮に入れて13種類に分類しています。


最も良いのが「自己向上への情熱・チーム向上への情熱ともに抜群に高い、最強の状態」です。以下、「自己向上への情熱・チーム向上への情熱ともに高い、イケイケの状態」「メンバーが総じて前向きなイケてる状態」と続き、「チーム全体としてちょっとくすぶっている状態」最後は「チームとしてぐったり、停滞気味の状態」となります。

私たちの提供するツールではチーム状態が、パッと見てすぐにイメージできるようにイラストでも表示されます（図表7）。

ES調査ではチームパフォーマンスが向上しない

ES（従業員満足度）は福利厚生やマネジメント、職場環境、働きがいなどについての社員の満足度合いを表す指標です。会社から見てCS（顧客満足度）が外向きの尺度だとすれば、ESは内向きの尺度となります。「ESなくしてCSなし」、つまり従業員が満足していないのに顧客満足だけを追求しても長続きはしないという考え方が出てきてから重要視されるようになりました。そのようななか、企業の存在意義の一つとして従業員の幸福を改めて挙げる会社も増え、高いESは経営目的の一つと考えられるようになりました。

そこでES調査を行う会社も増えています。このこと自体は良いことであり実際にメリットがあるとされています。

・ES向上の取り組みにつながる
・魅力的な職場作りに活かせる
・課題の改善を通じて、優秀な人材の確保や離職防止を図れる

・継続的な実施により、人事施策の効果を測定できる
・ES重視の会社であることを社会にアピールすることができる

しかし限界やデメリットもあります。

・福利厚生、職場環境などに関しては、多くの企業でできることはやり尽くされている
・制度的な解決策には限界がある
・管理職が自部門における満足度改善に関して、取り組める範囲が限られている
・管理職の責任が問われ過ぎることがある
・従業員に改善の主体性が生まれにくい

ESが低下すると離職者が増えたり遅刻・欠勤が増えたり、勤務態度が悪くなったり、成長への意欲が失われたり、コンプライアンス意識が低下したりするなどさまざまな弊害があります。確かにESを向上させることで、これらの弊害は減少しますが、チームパフォーマンスの向上にはつながりません。ES向上はメンバーの「不満の解消」に力を発

揮するものであり、チームパフォーマンスに直結するものではないからです。

チームパフォーマンスの状態を把握するための質問項目には、ＥＳ調査と似ているものも含まれますが、チームパフォーマンスの発揮度合いとそれに影響する心理要因の状態を把握するものです。

ＥＳ調査はＥＳの向上に活かすべきです。チームパフォーマンスの向上目的に使っても、ほとんど意味はありません。ＥＳの向上とチームパフォーマンスの向上は別のものです。チームパフォーマンスの向上のためにはそのために特化した調査を行っていきます。

そのため、ＥＳ調査とチームパフォーマンス調査の両方を実施している会社もあります。目的が違うので矛盾しません。

心身ともに疲弊していた支社を立て直し

チームパフォーマンス向上の好事例として、チーム会議のファシリテーターをチームメンバーの持ち回りにしたある会社のＡ支社での取り組みがあります。

当時A支社では心身ともに疲れて会社を休む人がとても多いという課題がありました。そこで主体的行動と心理要因のアンケートをとって、スコアを計算したところ案の定とても低い点数が出ました。このままではいけないと社内でも問題になり、チームマネジメントの実践サイクルに取り組むことになりました。

A支社のリーダーはとても熱意のある人で、なんとかしようと先頭に立って頑張ってくれていたのですが、離職する人が後を絶たず悪化の一途をたどっていました。指示・管理型のマネジメントから抜け出せなかったのです。

そこで月1回の定例会議のファシリテーターを若手社員の持ち回りにするようにしました。リーダーは口出しせずにメンバーに任せるようにし、メンバーに「成果が上がる活気のあるチームにするために、若手の力を貸してほしい」と伝えたのです。

それ以来メンバーは突然、まさに水を得た魚のように、前向きに会議をやり始めたのです。改善すべき心理要因を示したうえで、チームメンバーへの問いかけ方も提示したことにより、会議で話が弾んだのです。

会議時間は月1回でわずか15分なのですが、心理要因の改善効果は大きく退職者も心身の不調を訴える社員も激減しました。

そしてメンバーによるファシリテーターの持ち回りを始めて1年も経たないうちに、A支社は全社で目標達成率1位になったのです。コロナ禍で全社的に苦しんでおり、全社の平均達成率が90%を切るなか、A支社は100・3%となりました。

その会社もコロナ禍による業績の影響がありA支社も事情は同じだったのですが、心理要因が改善して主体的行動が増えたことで、若い人のアイデアも活かされるようになりました。

リーダーだけでは出てこないようなアイデアが次々と出てきて、新しいサービスがいくつも生まれたのです。以前は提案を求めてもまったく出てこなかったようですが、今は提案しても頭ごなしに否定されないどころかほかのメンバーがアイデアを継ぎ足してくれて形になるので、アイデアを出すのが楽しくて仕方ないという状態になりました。もちろんリーダーもそのメンバーの一人です。

図表8

6
メンバーが総じて前向きなイケてる状態。
チーム向上への行動が強いが、メンバーによって差が大きい。

可視化されることで自分事に

可視化の効果もあります。

あるクライアントの最初にアンケート調査を実施した結果では、チーム全体としては「イケてる状態」でした。13種類のチーム状態のなかの6番「メンバーが総じて前向きなイケてる状態。チーム向上への行動が強いが、メンバーによって差が大きい」というものです（図表8）。

この結果を見たリーダーは、解説を読む前にこのイラストを見てピンと来たと言います。そして近くにいたメンバーに「この絵を見てどう思う？　右上の元気のないメンバーがいるのが気になるんだけどどう思う」と問いかけたのだそうです。

その問いかけで話が弾み始め結果を詳細に見ると、発信行動のスコアのバラツキが大きいことが分かりました。発信する人としない人の差が極端に大きかったのです。解説に「チーム向上への行動が高いが、メンバーによって差が大きい」と書いてあるとおりです。

では原因は何かとさらに見たところ「チーム貢献への自信」が低い人がいるらしいことが分かりました。チームに貢献している自信がないと、発信もできないのです。

このときのリーダーは、このイラストがなかったらここまで自分事として頭に入ってこなかったと言います。最初「メンバーが総じて前向きなイケてる状態」という解説を読んで、「結果が良かったからまあいいか」と思ったらしいのですが、イラストの右上の二人がどうも気になって仕方なくなり、それでしっかりと結果を受け止めることができたとのことです。

このチームはその後地道な取り組みを継続することで、毎回少しずつ右肩上がりに良くなっていき、発信行動もバラツキが解消されていきました。

可視化というと数字だけではよく分からないのでグラフなどにすることを指しますが、このようなイラストによる可視化もあります。グラフとはまた違うインパクトがあることと分析的になり過ぎないこと、話のネタになることがメリットです。

多くのチームでパフォーマンスが向上

多店舗展開をしている小売業B社の社長は、店舗ごとに雰囲気の差が大きいと感じていました。その差が業績にも影響しているのではないかという問題意識をもっていたのです。とはいえエビデンスがありません。そこで店舗ごとに主体的行動と心理要因のスコアリングを実施しました。その結果、チームパフォーマンスのスコア（主体的行動のスコアの総和）と店舗の業績とに相関関係があることが分かりました。社長はスコアが悪い店舗の店長を責めるのではなく、心理要因の向上に取り組むように指示し、サポートを徹底しました。

また専門サービスを提供するC社では、職人気質のメンバーが集まっていて、チームで仕事をするという雰囲気が皆無でした。また上司の命令は絶対、さらに分業が明確であることで、意見交換やアドバイスを送り合うことなどもありませんでした。そこで月1回、主体的行動と心理要因のアンケート調査を実施し、その結果を基に人事部、すなわち第三者によるファシリテーションでチームの問題について討議するようにしました。その結果チームの雰囲気は見違えるようによくなりメンバー間の連携も活発になり、上司とメンバーの間での意思疎通も向上しました。

さらにメーカーのD社では、百戦錬磨のベテラン営業が各営業所に在籍していました。定年延長などの影響で年上の部下をそのベテラン営業たちが抱えるようになっていました。異動の多い会社で、メンバーが頻繁に入れ替わることからさまざまなマネジメント上の問題も発生します。各営業所のリーダーの再育成が課題となっていたのです。

依頼を受けた私たちの会社は、各営業所のリーダーを集めた研修でチームマネジメントのやり方を身につけてもらい、研修後に主体的行動と心理要因を測定しました。その結果を説明しながら、チーム運営の方法として、チームマネジメントの実践サイクルを提案しました。サイクルを回すたびに各チームの結果は確実に向上し、現在まで100以上のチームのうち、約7割のチームで成果が表れています。

第6章

チームから部門、そして会社全体へ――チームパフォーマンス向上はこれからの企業に必須の取り組み

チームパフォーマンスの全社的サポートサイクルとは？

経営側としては社内の全チームのパフォーマンスが向上するのであれば、それがベストであることはいうまでもありません。もちろん従業員側にとってもベストです。心理要因のスコアの高いチームから低いチームに異動する、などということがあればゾッとすると思います。社内のどのチームに異動してもチーム状態が良ければ、それに越したことはありません。

チームマネジメントに課題を抱えている会社があったとしてそれを解決しようと考えているなら、できるだけ早く全社で解決に向けた取り組みを展開するのがよいということになります。もちろん最初はパイロットチームで検証するというスモールスタートでも構いません。しかし検証が終わって効果があると分かれば、一気に広げるのが得策です。問題があるチームを一つひとつ改善するよりも、最初から全社展開を視野に入れて考えるべきだと思うのです。

全社展開するとなると、各チームによる定性的な評価ではチームによってマネジメントの品質に差が出ますしまた納得しない人も出てくるでしょうから、データに基づいた客観的な運用が必要だといえます。

また会社の規模にもよりますが、例えば全国に支社や営業所を展開している会社であれば手作業による全社展開は現実的ではありません。自動的に評価をしてくれて、運用の手間もかからないようななんらかのツールが必要になってきます。

さらに全社展開を統括し、サポートする組織が必要です。それは通常、人事部門（HR部門）が担当することになります。

チームマネジメントの全社的サポートサイクルとは？

人事部がチームマネジメントを全社サポートする際の大きな流れは、「チームマネジメントの実践サイクル」とまったく同じOODAループとなります（図表4・9）。

1サイクル1カ月～2カ月を目安に、全社の各チームが一斉にアンケート調査を実施し

図表9 チームマネジメントの全社的サポートサイクル

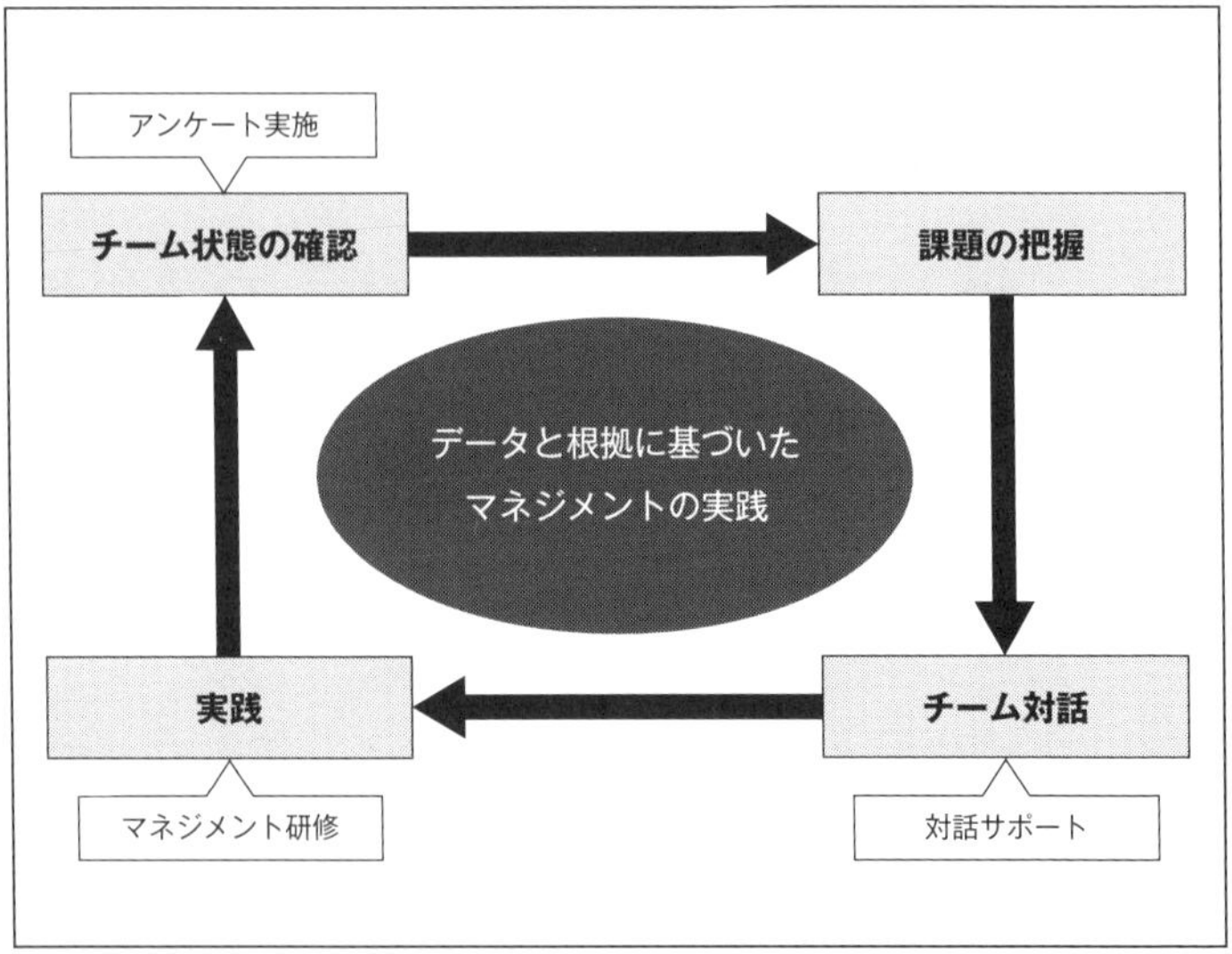

ます。その後各チームで課題の把握・チーム対話・実践とプロセスが進みますが、人事部は人事部で課題のあるチームはあるか、あればどのような課題があるのかを把握します。

チーム対話に第三者が介入したほうがうまくいくケースもあります。その際には人事部が第三者としてチーム対話のサポートに入るのが得策です。

実践は各チームに任せるほかありません。実践内容とその結果のレポートが欲しくなるかもしれませんが、次回のアンケート調査がその代わりになるので、無理に提出してもらう必要はありません。手間が増えるとモチベーションが下がるチームが続出します。

なかにはチームマネジメントの実践の方法が分からないというチームもあります。相変わらず指示・管理型のマネジメントをするリーダーもほぼ必ずいます。そういうチームには研修を受講してもらうのがよいかと思います。ただし過去の経験からいえば、全リーダーの研修受講が望ましいです。

人事部がチームをサポートするためにも、全チームのアンケート調査結果を時系列で把握しておかなければなりません。そのうえでずっとスコアが上がらないチームや最近スコアが下がってきたチームに対しては、重点的にサポートをします。

なお人事部も一つのチームとして、チームマネジメントの実践サイクルを回す必要があります。自らサイクルを回すことで、チームマネジメントへの理解を深め、全社の模範となることが期待されます。ツールを導入する場合には、そのツールの社内一の習熟者であるべきです。そのためにも実践サイクルを回しながらツールを使いこなしてください。

人事部がビジネスパートナーになるために

人事部も一つのチームであるからには目的・目標・意義があるべきです。人事部の目的といえば、例えば「事業部門のビジネスパートナーとして、事業部門の戦略遂行に貢献する」ことです。そして事業部門のビジネスパートナーであるためには、人事部の機能強化が必要な会社が多いように思われます。

多くの会社の人事部がそもそももっている機能は、インフラ機能とオペレーション機能の2つです。インフラ機能とは、給与制度、評価制度、研修プログラムなど各制度プログラムの設計と運用などのことです。またオペレーション機能とは、給与計算、支払、福利厚生、入退室管理、勤怠管理、労務管理などのことです。

これらの機能はたとえ人事部として独立した組織がなくてもほとんどの会社がもっています。これらに加えて、大企業を中心に戦略機能をもつ人事部が増えてきました。

戦略機能とは、自社の経営理念や企業戦略を理解し、それに沿った組織および人事戦略の構築と推進を行う機能です。

そして「事業部門のビジネスパートナー」というのであれば、各事業部門の戦略や実行支援機能をもたなければなりません。これこそがチームパフォーマンス向上支援なのです。

3回の研修で効果測定

人事部によるチームマネジメントの実践サポートの一環として、マネジメント研修があります。

対象者はチームリーダーまたはサブリーダーです。研修は3回実施します。1回目の研修の前日までに、チームパフォーマンスのセルフチェックの結果を提出してもらいます。各研修の時間は1時間半と、忙しいリーダークラスの負担にならない長さに設定しています。

1回目の研修は講義とグループ対話でテーマは「チームパフォーマンスを高めるマネジメント・対話スキル」です。受講後10日以内にアンケート調査を実施してもらいます。これは受講の効果がまだ出ていないタイミングで、基準値を測定しておくためのものです。

2回目の研修は第1回の2カ月後に実施します。テーマは「チーム内での対話の効果やチーム向上の取り組み内容の共有」で、一部講義もありますが、グループ対話が中心となります。受講後10日以内にアンケート調査を実施してもらうのは1回目と同じですが、これは2回目の研修の受講効果の測定のために行います。

3回目の研修は第2回の1カ月後に実施します。実際にチームマネジメントを実践するうえで出てきた課題や悩みをグループ対話や講師との対話で解決する場となります。受講後1カ月後にアンケート調査を実施してもらいますが、これは全研修の効果測定のために行うものとなります。

各回が終わるごとに効果測定を実施し、研修の成果評価に活用します。

研修によってチームパフォーマンス向上

ある大手メーカーの営業部門も研修によって成果を上げています。対象となったのは、約60チームのリーダーおよびサブリーダーです。

チームパフォーマンスを測定するためのアンケート調査は、受講者が所属するチームメンバーに対して行いました。分かりやすく効果を示すために13種類のチームパフォーマンス状態を6つにまとめます。一番上から「①最強・無敵状態」「②イケイケ状態」「③イケてる状態」「④悪くはない状態」「⑤微妙な状態」「⑥お疲れ状態」です。

研修前のアンケート調査では、①が0％、②が22・8％、③が73・7％、④が1・8％、⑤が1・8％、⑥が0％でした。全研修後のアンケート調査では、①が9・4％、②が45・3％、③が40・6％、④が1・6％、⑤が3・1％、⑥が0％となりました。②および③から①へ、また③から②に上がったチームが多数あったことになります。

なお8つの主体的行動も9つの心理要因も、研修受講後には軒並みスコアが高くなっており低下した項目は一つもありませんでした。このメーカーで特に伸びた項目は主体的行動ではクリエイティブ行動とメンバー支援行動、心理要因では目標共有です。これらの項目では全研修終了後と最初のアンケート調査とを比較すると、スコアの伸び率が10％を超えていました。

この結果を見る限り、研修にはチームパフォーマンスを向上させる効果があるといえます。ただし、「微妙な状態」が若干ではありますが増えたのも事実です。このようなチームに対しては細かいフォローが必要です。

なぜ今チームマネジメントが求められるのか？

そもそもチームマネジメントは昔から必要とされてきたはずです。不要とされた時代などありませんでした。にもかかわらず今その重要性が強調される理由は極めて単純です。ビジネスにおける変動要素が多くなり過ぎて昔と比べてマネジメントが難しくなり過ぎたからです。

戦後の高度成長期からバブル景気までの時代では「一生懸命全力で働けよ」でなんとかなったのだと思います。

私は平成11年に社会人になりました。昭和の働き方は経験していませんが父の姿をずっと見てきましたし、当時は昭和世代が最前線で働いていましたから、まだまだ昭和の香りが色濃く残っていました。今でも役員・部長クラスにはバブル期以前から勤めている方がたくさんいるはずです。

先輩方が取り組んできた課題が簡単だったといいたいわけでは毛頭ありません。歴史年表を見れば社会情勢は今と同様不安定だったとすぐに分かりますし、現在のような便利なツールやデバイスがないなか、鉛筆と電卓でさまざまな課題と戦ってきたことも承知しています。

ただ昔と大きな違いがあるとすれば変動性・不確実性・複雑性・曖昧性が極めて高くなり、過去の経験がほとんど役に立たなくなったということです。昭和の時代はやはり経験がものをいう時代でした。新入社員から見たら万能と思えるようなリーダーがいて、その人の言うことを聞いていればなんとかなると多くの人が思っていました。

一方で終身雇用・年功序列という制度もありました。今となっては「生産性が上がらない」「若手の離職の要因」などといわれ、悪い面が強調されることが多いのですが、20年ぐらいかけて人を育てようという良い面もありました。20年じっくりと育て上げられて部長や役員になった人の発言には、今とは比較にならない重みがあると、私は思います。

しかし近年、終身雇用・年功序列の崩壊、終焉が取りざたされ転職も当たり前のことになりました。厚生労働省の「新規学卒就職者の離職状況（平成29年3月卒業者の状況）」によれば、平成29年における新規大卒就職者の3年以内の離職率は32・8％となっています。また、平成29年以前も離職率は30％前後で推移しており、継続して高い水準にあります。

3年以内離職率は最終学歴が下がるほど高くなる傾向があり、高校卒では40％近くにもなります。昔のように20年かけて人を育てる前提が崩れてしまっています。

一方で平均寿命が延びるのに伴って定年延長も当たり前になりました。60歳定年が始まったのが1998年です。それ以前の定年年齢は55歳ぐらいでしたが、今では定年が70歳という会社も珍しくなく、なかには定年制度を撤廃するところも出てきました。

再雇用で役職がなくなる人も多いので、年上の部下をもつ上司が増えることになります。遠慮もやりづらさもあるのが普通で頭ごなしに「頑張ればなんとかなる！」などといえる若い上司はごく少数派だと思います。部下の側もモチベーションの維持に苦しむ人が多いように感じます。

マネジメントは誰もが実践できる「技術」

不確実なことが多い時代で経験が役に立たなくなったと同時に、終身雇用も年功序列も崩れ、そのうえ、年上の部下が増えたわけです。どうやってマネジメントしたらいいか、分からないというほうが普通だと思います。分からないから先輩に聞きに行くと、「お前がまず動け」「具体的な指示が必要だ」「褒めると叱るを使い分けろ」など経験則に基づいたマネジメント論を説かれてもイメージが湧かず、仕方なく書籍を当たると成功者の体験談ばかりで、試してみてもあまりピンと来ません。

人事部は人事部で制度と仕組みのアプローチでなんとか解決を図ろうとしてきましたが、それにも限界があることがだんだん見えてきました。

例えば成績や業績に応じて社員へ報奨を与える「インセンティブ」制度は、今や弊害が取りざたされるようになりました。

インセンティブが顧客への押し売りを促してしまったり、従業員同士での顧客の奪い合いや情報を共有しないといった事態につながるとして、制度自体を廃止する業界、会社が増えてきています。

こういった経験的マネジメントと制度的アプローチの限界に対して、私たちが提唱しているのがチームのパフォーマンスに着目した新しいマネジメントです。

従来のようなリーダーの経験値によるものではなく、チーム成果を高める8つの主体的行動に影響を与える9つの心理要因にターゲットを絞ったマネジメントです。もしそれでも何から手を付けたらよいか迷う人は「目標共有」「顧客重視」「心理的安全性」を優先的に取り組んでみることです。どれか一つでもいいです。これらが向上すればメンバーの行動の変化を実感できるはずです。

マネジメントは「技術」です。属人的な経験や誰かの成功体験でもなければ、精神論でもありません。理屈が存在し再現性が担保され、誰もが実践できる技術なのです。

おわりに

チームマネジメントは難しくなりました。「チームが活性化していないのを昔のようにリーダーだけの責任にしていいものか」。苦悩するリーダーの助けになりたいと、チームパフォーマンス診断・向上支援ツールをリリースしたのが2019年10月でした。

およそ2年がかりで開発を果たし、大々的なリリースを開始しようと考えていた矢先にやってきたのがコロナ禍でした。販売計画の見直しを余儀なくされましたがおかげで見えてきたこともたくさんあります。

すでにツールを導入していた会社を調べたところ、心理要因の数値が落ち込んでいるチームがいくつもあることが分かり詳しく調べてみると、チーム貢献への自信が大きく損なわれていたことが判明しました。

コミュニケーション不足や相談しにくい状況が影響していることに気づき、安易な在宅ワークは危険だという考えに至りました。とはいえ、在宅ワークはコロナ禍が収束するまでは必要とされる働き方です。収束後も業態によっては主流になる可能性があります。そこで培ってきたチームマネジメントの方法論を、在宅ワークに活かすことを考え、在宅ワークでの心理要因のマネジメントの工夫を支援してきました。

実際コロナ禍で導入企業のなかからいくつもの成功事例が出てきています。私たちの方法論が在宅ワーク中心の働き方のなかでも通用するという自信が深まってきました。

今後さらに時代は混沌としてくることが予想されますから、長い年月にわたって使用できる方法論だと確信したのです。

支持される方法論になったのは、科学的であることにとことんこだわったからだと思います。チームマネジメントに関する学術的な先行研究を徹底的に調査し、これまでのコンサルティングを通じて得た知見を加えてサーベイ設計をしました。「テストサーベイ、統計解析、不要な設問の削除、説明文の修正」といったサイクルを繰り返し、統計的な信頼度と有意性を確保することに努めました。当初の設問数は140にも及び、協力先には負担もかけてしまいました。ただ、そのおかげで8つの主体的行動と9つの心理要因を定義することができ、51設問に落とし込むことができたのです。

この開発過程での基礎研究は心理学における世界最高峰の国際会議の一つICP2020のパーソナリティ部門での口頭発表およびAPS（心理科学学会）2020のポ

スター発表に採択されました。

今や多くの仕事がチーム単位で動くことが主流となっています。

個々のスキルに依存するイメージのある営業でさえも情報やノウハウを共有し、連携して組織的に行動しなければ、商談の機会を失ったり、期待した成果を挙げられなかったりしています。まさにチーム力、パフォーマンスの差が企業競争力の差になる時代です。

そのなかでチームのリーダーは漠然としたチームのまずさを感じながらも、どうしてよいか分からないという悩みを抱えています。会社からはチームをまとめ、成果を挙げることを求められ、部下からは良き上司であることを求められています。しかし働き方改革や人手不足など目まぐるしい環境の変化と先行き不透明な時代にあっては、まずリーダー本人も周囲も、リーダーの前提を転換することが肝心です。

「リーダーは答えを知っている」「リーダーは一人で解決策を考え出すべきである」「失敗は許されない」といったリーダー万能論を捨て去り、「リーダーにだって分からないことがある」「苦手なことがある」「失敗することもある」ととらえ直すことが、チームパフォーマンスの高いチーム作りのスタートになります。

そのような新たな前提が醸成されると、メンバーに主体性の芽が生まれてきます。そしてメンバーの意識は「must（しなければならない）」から「will（したい）」に変わっていきます。

新時代におけるリーダーの役割は一人ですべてを遂行するのではなく、メンバーの力を引き出して物事を進めていくことです。

本書がリーダーの苦悩と疲弊を解消し、チームのパフォーマンス向上の一助になることを願ってやみません。

【著者プロフィール】

橋本竜也（はしもと・たつや）

1976年5月16日生まれ。神奈川県横浜市出身。明治大学卒。

株式会社日本経営 取締役。

1999年4月入社後、人事コンサルティング部門にて、中堅・中小企業の人事制度改革、組織風土改善、マネジメント教育に携わる。2006年には調剤薬局に出向し、社長代行として経営実務も経験し、収益改善と組織改革を実現。コンサルティングにおいては人事改革、組織改革のほか、その組織マネジメントのノウハウを活かして、赤字企業の経営再建コンサルティングも経験。2013年福岡オフィス開設に伴い、オフィス長に就任。2017年10月より現職。

本書についての
ご意見・ご感想はコチラ

TEAM PERFORMANCE
チームパフォーマンスの科学

2021年12月27日　第1刷発行

著　者　　橋本竜也
発行人　　久保田貴幸

発行元　　株式会社 幻冬舎メディアコンサルティング
〒151-0051　東京都渋谷区千駄ヶ谷4-9-7
電話　03-5411-6440（編集）

発売元　　株式会社 幻冬舎
〒151-0051　東京都渋谷区千駄ヶ谷4-9-7
電話　03-5411-6222（営業）

印刷・製本　中央精版印刷株式会社
装　丁　　株式会社 幻冬舎デザインプロ

検印廃止

Printed in Japan
ISBN 978-4-344-93700-0 C0034
幻冬舎メディアコンサルティングHP
http://www.gentosha-mc.com/